Bernhard Haslinger, Bernhard Janta (Hg.)
Der unbewusste Mensch

Das Anliegen der Buchreihe BIBLIOTHEK DER PSYCHOANALYSE besteht darin, ein Forum der Auseinandersetzung zu schaffen, das der Psychoanalyse als Grundlagenwissenschaft, als Human- und Kulturwissenschaft sowie als klinische Theorie und Praxis neue Impulse verleiht. Die verschiedenen Strömungen innerhalb der Psychoanalyse sollen zu Wort kommen, und der kritische Dialog mit den Nachbarwissenschaften soll intensiviert werden. Bislang haben sich folgende Themenschwerpunkte herauskristallisiert:

Die Wiederentdeckung lange vergriffener Klassiker der Psychoanalyse – beispielsweise der Werke von Otto Fenichel, Karl Abraham, Siegfried Bernfeld, W.R.D. Fairbairn, Sándor Ferenczi und Otto Rank – soll die gemeinsamen Wurzeln der von Zersplitterung bedrohten psychoanalytischen Bewegung stärken. Einen weiteren Baustein psychoanalytischer Identität bildet die Beschäftigung mit dem Werk und der Person Sigmund Freuds und den Diskussionen und Konflikten in der Frühgeschichte der psychoanalytischen Bewegung.

Im Zuge ihrer Etablierung als medizinisch-psychologisches Heilverfahren hat die Psychoanalyse ihre geisteswissenschaftlichen, kulturanalytischen und politischen Bezüge vernachlässigt. Indem der Dialog mit den Nachbarwissenschaften wieder aufgenommen wird, soll das kultur- und gesellschaftskritische Erbe der Psychoanalyse wiederbelebt und weiterentwickelt werden.

Die Psychoanalyse steht in Konkurrenz zu benachbarten Psychotherapieverfahren und der biologisch-naturwissenschaftlichen Psychiatrie. Als das ambitionierteste unter den psychotherapeutischen Verfahren sollte sich die Psychoanalyse der Überprüfung ihrer Verfahrensweisen und ihrer Therapieerfolge durch die empirischen Wissenschaften stellen, aber auch eigene Kriterien und Verfahren zur Erfolgskontrolle entwickeln. In diesem Zusammenhang gehört auch die Wiederaufnahme der Diskussion über den besonderen wissenschaftstheoretischen Status der Psychoanalyse.

Hundert Jahre nach ihrer Schöpfung durch Sigmund Freud sieht sich die Psychoanalyse vor neue Herausforderungen gestellt, die sie nur bewältigen kann, wenn sie sich auf ihr kritisches Potenzial besinnt.

BIBLIOTHEK DER PSYCHOANALYSE
HERAUSGEGEBEN VON HANS-JÜRGEN WIRTH

Bernhard Haslinger, Bernhard Janta (Hg.)

Der unbewusste Mensch

Zwischen Psychoanalyse
und neurobiologischer Evidenz

Mit Beiträgen von Werner Bohleber,
Andreas Bräutigam, Andreas Heinz,
Eric R. Kandel und Gerhard Roth

Mit einem Vorwort von Otto F. Kernberg

Psychosozial-Verlag

Bibliografische Information der Deutschen Nationalbibliothek
Die Deutsche Nationalbibliothek verzeichnet diese Publikation
in der Deutschen Nationalbibliografie; detaillierte bibliografische Daten
sind im Internet über http://dnb.d-nb.de abrufbar.

Originalausgabe
© 2019 Psychosozial-Verlag, Gießen
E-Mail: info@psychosozial-verlag.de
www.psychosozial-verlag.de

Umschlagabbildung: Chloé Guerbois, www.chloeguerbois.com
Umschlaggestaltung & Innenlayout nach Entwürfen
von Hanspeter Ludwig, Wetzlar
Satz: metiTec-Software, me-ti GmbH, Berlin
www.me-ti.de
ISBN 978-3-8379-2838-9 (Print)
ISBN 978-3-8379-7441-6 (E-Book-PDF)

Inhalt

Vorwort[1]

Otto F. Kernberg

Die vorliegende Analyse der Struktur und Funktionen des Unbewussten als wichtiger organisatorischer und motivationaler Aspekt des menschlichen Geistes ist von historischer Bedeutung. Zwei führende Neurowissenschaftler und ein führender psychoanalytischer Theoretiker, Forscher und Lehrer untersuchen gemeinsam die Interaktion zwischen neurobiologischen und intrapsychischen Funktionen und Strukturen sowie deren gegenseitige Beeinflussung und Auswirkungen auf das Verhalten.

Es ist ein überfälliger Dialog, der in der Vergangenheit durch gegenseitiges professionelles Misstrauen und Voreingenommenheit behindert wurde. Die Tatsache, dass neurobiologische Prozesse die Grundlagen intrapsychischer, psychologischer Prozesse bilden und dass das tatsächliche Verhalten direkt sowohl von neurobiologischen Entwicklungen als auch von organisatorischen Entwicklungen intrapsychischer Prozesse bestimmt wird, hält nur langsam Einzug in das Denken dieser beiden Wissenschaften.

Dr. Bohleber verbindet die zeitgenössischen neurokognitiven Konzepte des episodisch-deklarativen und des implizit-prozeduralen Gedächtnisses unter Anerkennung der Tatsache, dass unbewusstes Lernen und die Etablierung nicht-konflikthafter

---

1   Das Vorwort wurde von Bernhard Haslinger aus dem Amerikanischen übersetzt.

7

Verhaltensmuster unterschieden werden müssen vom Dynamischen Unbewussten (konflikthaft determiniert) als unbewusster Verhaltensmotivation. Er betont zu Recht die erweiterte Sicht des primärprozesshaften Denkens bei der Bestimmung der Organisation des Dynamischen Unbewussten und weist auf die bis heute problematischen Aspekte seiner unbewussten Ursprünge hin. In Übereinstimmung mit Dr. Roths Konzept des »sekundären Unbewussten« verweist Dr. Bohleber auf die grundlegenden Erfahrungen der Mutter-Baby-Interaktion als Ursprung unbewusster Konflikte. Die affektiven Interaktionen mit der Mutter waren ursprünglich bewusst, glitten aber in die »infantile Amnesie« ab und ihre Bedeutung konnte nicht symbolisiert werden. Sie äußern sich in nicht verbalisierten Verhaltensmustern, die in der Übertragung entstehen, wo sie in ihrem gegenwärtigen, reaktivierten Zustand diagnostiziert und im Prozess interpretiert und symbolisiert werden können. Ich stimme der Annahme zu, dass das Dynamische Unbewusste von affektiven Spitzenzuständen idealisierter, total befriedigender Interaktionen mit der Mutter herrührt, die in heftigen Konflikt mit opponierenden, aggressiv determinierten affektiven Interaktionen geraten, die aufgrund früher projektiver Mechanismen Verfolgungscharakter haben.

Diese Überlegungen führten zu Dr. Bohlebers Konzept des traumatisch-dissoziativen Unbewussten, den Umständen, in denen wechselseitig abgespaltene, widersprüchliche affektive Erfahrungen aus frühen Traumatisierungen in einem nicht-integrierten, bewussten, aber dissoziierten Zustand verbleiben, der in schweren Psychopathologien zur Identitätsdiffusion führt. Ich glaube, dass diese Verhältnisse typisch sind für die Borderline-Persönlichkeitsorganisation und gemeinsam mit der projektiven Identifizierung und der gesamten Gruppe der von Melanie Klein beschriebenen verwandten primitiven Abwehrmechanismen für die Dominanz der Spaltungsmechanismen stehen.

Dr. Bohleber wirft Fragen auf bezüglich der kleinianischen Behauptung, dass die Unbewusste Fantasie der grundlegende Inhalt des Dynamischen Unbewussten und eigentlich aller psychischen

Prozesse ist. Wenn Lernen und Gedächtnis als spezifische evolutionäre Prozesse grundlegende Funktionen des menschlichen Geistes darstellen, die eine schnelle und gründliche Einschätzung der inneren Bedürfnisse und der jeweils individuellen Umwelt garantieren, so glaube ich, dass dieses Lernen und das autobiografische Gedächtnis das Verständnis der Bedürfnisse, Wünsche und Ängste des Selbst und auch der Persönlichkeiten der inneren Welt von bedeutenden Anderen miteinbezieht. Die affektiv motivierte Wechselbeziehung von Baby und Mutter ermöglicht, dass durch befriedigende und frustrierende Erfahrungen Aspekte des Selbst in Bezug zu Aspekten der Mutter gelernt werden können. In diesen Interaktionen werden Repräsentationen von Selbst und Anderem (Objekt) im Kontext einer positiven oder negativen Aktivierung von Spitzenaffekten erfahren und als affektives Gedächtnis internalisiert, das durch die Integration von Millionen solcher dyadischer Internalisierungen habituelle Verhaltensmuster bildet (»interne Verhaltensmodelle«), die zu normalen und pathologischen Charaktereigenschaften führen.

Meines Erachtens kann, wenn wir »Unbewusste Fantasie« in solche primären dyadischen Einheiten von »Selbst-Affekt-Objekt«-Komponenten übersetzen, das Konzept der Unbewussten Fantasie in ein zeitgenössisches psychoanalytisches Objektbeziehungstheorie-Modell übertragen werden, das wiederum intrapsychische Prozesse ebenso wie auch deren Ursprünge mit spezifischen Hirnfunktionen verbindet.

Dies bringt uns zu Dr. Roths Überblick der für das Bewusstsein verantwortlichen Hirnstrukturen, einschließlich der Wahrnehmung der Umwelt und des eigenen Körpers, der eigenen Affekte und Bedürfnisse, der Aufmerksamkeit und Konzentration auf spezifische mentale Inhalte, Gedanken, Imaginationen und Erinnerungen, und, als Hintergrund für diese Erfahrungen, die Selbstwahrnehmung, die Zugehörigkeit des eigenen Körpers, die Verortung des Selbst in Raum und Zeit, die Wahrnehmung von Zugehörigkeit und Steuerungsfähigkeit bezüglich des eigenen Verhaltens und mentaler Vorgänge und die Unterscheidung zwischen Realität und Imagination. Das explizit-deklarative Langzeitgedächtnis ist eine wesentliche Voraussetzung für all diese Aspekte der Selbstwahrnehmung, und wir haben gegenwärtig eine erweiterte, detaillierte Kartografie der an diesen Funktionen beteiligten Hirnstrukturen. Ich möchte die zentrale Bedeutung der Entwicklung eines historisch und transsituativ konsistenten und integrierten Selbst betonen, das mit einem gleichermaßen konsistenten, stabilen und tiefen Bewusstsein für die uns umgebenden bedeutenden Anderen in Beziehung steht. Die Integration von Selbst und Anderen ist ein weitgehend unbewusster Prozess, der grundlegend vom Dynamischen Unbewussten bestimmt wird.

Die moderne Neurobiologie erlaubt es, die Gehirnstrukturen zu verstehen, die den seelischen Strukturen des Selbst und der Repräsentationen bedeutender Anderer zugrunde liegen. Die psychoanalytische Theorie und klinische Forschung erlauben das Verständnis von Schwierigkeiten und Schwankungen in der Entwicklung dieser inneren Welt. Das Verständnis der Verbindungen zwischen Veränderungen in der neurobiologischen Grundlage dieser inneren Welt und den Veränderungen in dieser Welt stärkt unsere Kompetenz in der Diagnostik und Behandlung psychischer Erkrankungen.

Es ist interessant, dass eine weitere in Frage kommende Verbindung zwischen Neurobiologie und psychoanalytischer Theorie in diesem Dialog keine besondere Beachtung fand: die Verbindung zwischen Freuds dualer Triebtheorie von Libido und Aggression einerseits und der gegenwärtigen Affekttheorie andererseits. Aus neurobiologischer Sicht werden Affektsysteme als primäre Motivationsfaktoren des menschlichen Verhaltens betrachtet und limbische Hirnstrukturen und Neurotransmitter, die an den verschiedenen Affektsystemen beteiligt sind, wurden weitgehend identifiziert. Pankseps Einteilung der Affektsysteme in Positiv (Bindung, Erotik, verbindendes Spiel) und Negativ (Kampf/Flucht und Trennungs-Panik) wirft die Frage auf, inwieweit Libido und Aggression der klassischen Freud'schen

Theorie als hierarchische Integration von entsprechenden positiven und negativen Affektsystemen angesehen werden können. Von diesem Standpunkt aus bliebe das duale Triebsystem in der psychoanalytischen Exploration unbewusster Konflikte weiterhin von herausragender Bedeutung – sie betreffen stets Konflikte zwischen Liebe und Hass –, spiegelte aber, anstelle von »primären Trieben«, eine sekundäre, intrapsychische Integration der entsprechenden jeweiligen Affekte unbewusster Konflikte wider. Diese Überlegung könnte helfen, die Untersuchung des Zusammenhangs von biologischem und intrapsychischem Ursprung und der Wechselbeziehung unbewusster Konflikte zu klären. Es ist eine offene und meiner Meinung nach wichtige Frage. In unserer Forschung zur Neurobiologie der Borderline-Persönlichkeitsstörung haben wir eine Hyperaktivität der Amygdala (ausgedrückt als dominante Affekte von Ängstlichkeit und Wut) in Kombination mit einer primären Hemmung der Aktivität des präfrontalen Kortex (in Bezug auf Affekt-Kontextualisierung und Kontrolle) gefunden. Dieser Befund entspricht der vorherrschend negativen Affektivität und fehlenden Impulskontrolle dieser Patienten: dies veranschaulicht die wichtige Rolle von Affektsystemen bei der Verknüpfung von neurobiologischen und psychoanalytischen Studien von Persönlichkeitsstörungen.

Dr. Janta weist in seinem Kommentar auch auf das gegenwärtige Interesse der Psychoanalyse hin, sich der Neurobiologie anzunähern, um psychoanalytische Kernkonzepte mit neuen, aus der heutigen Neurowissenschaft gewonnenen Erkenntnissen in Beziehung zu setzen.

In Übereinstimmung mit seinem Standpunkt bezüglich der Motivation für dieses neue psychoanalytische Interesse möchte ich betonen, dass es für die Psychoanalyse nicht nur eine aktuelle Herausforderung ist, nach Korrelationen und Bestätigung ihrer Grundannahmen zu suchen, sondern auch offen zu sein für signifikante Änderungen einiger psychoanalytischer Kernkonzepte, die durch neue Erkenntnisse der Neurobiologie erforderlich werden können.

Dr. Kandels eindrucksvolle Analyse der neurobiologischen und psychoanalytischen Beiträge zum Verständnis sowohl der künstlerischen Schöpfung der abstrakten Malerei als auch der emotionalen Wirkung auf den Betrachter weist auf aktiviertes primärprozesshaftes Denken hin, das von der konventionellen Wiedergabe natürlicher Objekte und von wirklichkeitsgetreuen Beschreibungen der äußeren Realität befreit ist. Einfache Formen und Primärfarben, die die Funktionen der visuellen und taktilen Wahrnehmung stimulieren, kombiniert mit einer abstrakten Gestaltung, die der unmittelbaren Zuordnung kognitiver Bedeutung zum Bild trotzt, stimulieren die Aktivierung emotional gefärbter Fantasie und affektiver Motivation mittels Aktivierung des inferioren temporalen Kortex, der sowohl mit dem Hippocampus (affektives Gedächtnis) wie auch der Amygdala (Aktivierung positiver und negativer Affekte) in Verbindung ist. Die durch das Gemälde hervorgerufene emotionale Erfahrung regt wiederum höhere kognitive Prozesse an, auf kreative Weise imaginäre Themen und Szenarien zu erzeugen, die mit der persönlichen emotionalen Erfahrung des Kunstwerkes mitschwingen. Somit wird das Dynamische Unbewusste und wichtige emotionale Erfahrungen, die schöpferisch auf unser seelisches Funktionieren einwirken, durch die besondere künstlerische Erfahrung getriggert und aktiviert.

Dr. Haslinger drückt in seinen umsichtigen und inspirierenden einleitenden Worten seine Genugtuung über diese Begegnung von Kunst und Wissenschaft, und, innerhalb der Wissenschaften, von Neurologie und Psychoanalyse aus: Diese beiden Disziplinen, die einander so sehr brauchen, aber so viele Schwierigkeiten haben zusammenzukommen. Ich teile seine Gefühle und gratuliere ihm, dass er diese außergewöhnliche Begegnung verwirklicht hat.

New York, 30. November 2018

Einleitung

Bernhard Haslinger

Es kommt nicht häufig vor, dass ein Thema wie *Der unbewusste Mensch* so viele Menschen verschiedener Disziplinen, wie der Musik, der Kunst, der Natur- und Geisteswissenschaften, gleichermaßen anregt, bewegt und aufregt. Dies liegt sicherlich nicht zuletzt an der zentralen Bedeutung des Themas für die menschliche Existenz.

Unbewusste Prozesse betreffen den überwiegenden Teil unseres Fühlens, Denkens und Handelns. Sie beeinflussen unsere Beziehungen, Entscheidungen und Lebenspläne und regen kreative Prozesse an, die besonders auch in Kunst und Musik ihren Ausdruck finden können. Ein Kunstwerk selbst verkörpert ein intersubjektives Kommunikationsmedium zwischen Künstler und Betrachter und wirkt, abgesehen vom intellektuell rationalen Aspekt, von Unbewusst zu Unbewusst. Das Phänomen des Unbewussten hat viele Dimensionen und um die Komplexität des Themas zu erfassen, sind vielfältige Zugangswege vonnöten.

Während der Vorbereitungen zu einem wissenschaftlich-künstlerischen Symposium interessierte uns der interdisziplinäre Dialog und damit verbunden das, was in jedem einzelnen von uns *zwischen* den einzelnen Vorträgen und Musikstücken entsteht und vor sich geht. Zuhören, das Gehörte aufnehmen, wirken lassen, mit eigenen Erfahrungen verknüpfen, weiterdenken und beobachten, was sich daraus in uns entwickelt, erschien uns eine aufregende Möglichkeit, nach neuen Verbindungen und Ideen zu forschen.

Für eine Kultur des offenen interdisziplinären Austauschs stand auch die *Kultur des Salons* im Wien des beginnenden 20. Jahrhunderts: Eric Kandel, der gebürtige Wiener, beschreibt in seinem Werk *Das Zeitalter der Erkenntnis* (2012) sehr lebendig diese Kultur des Austauschs und der Begegnung am Beispiel des Salons von Emil und Berta Zuckerkandl. Typisch war die Gastlichkeit und Offenheit, das Interesse am anderen und die große intellektuelle Neugier gerade dem näherzukommen, was den Menschen im Kern, im Sinnlichen und im Denken betrifft und ausmacht. Angeregt und mit neuen Ideen, so heißt es, verließen die Gäste schließlich diese Treffen wieder. So ein vielfältig anregendes Feld, sozusagen einen modernen Salon zu gestalten, war Ziel unserer Unternehmung.

Am 3. Adventssonntag 2017 fand an der Berliner Charité-Universitätsmedizin das transdisziplinäre wissenschaftliche und künstlerische Symposium *Der unbewusste Mensch – Zwischen Psychoanalyse und neurobiologischer Evidenz* statt und lockte über 500 Interessierte an. Künstler, Musiker, Wissenschaftler und Kliniker waren eingeladen, ihre Erkenntnisse und Erfahrungen vorzutragen und miteinander in Dialog zu treten. Die Vorträge dieses Tages finden sich im vorliegenden Buch wieder. Gleichzeitig war uns Veranstaltern wichtig, das Thema nicht nur über rationale Pfade zu erschließen, sondern auch das weitgehend Irrationale, unmittelbar individuell Erfahrbare in Kunst und Musik miteinzubeziehen und erlebbar zu machen. Zwischen den Wortbeiträgen erklangen die musikalischen Assoziationen zum Thema in Form von Werken für Neue Musik, interpretiert vom virtuosen Berliner *ensemble unitedberlin*, zusammengestellt von seinem künstlerischen Leiter Andreas Bräutigam.

Die ursprüngliche Idee, die Musikstücke als Bestandteil des Buches auch für den Leser erfahrbar zu machen, ist leider aus technischen Gründen nicht möglich gewesen. Im Buchbeitrag von Andreas Bräutigam sind jedoch Titel und Komponistennamen der Musikstücke genannt, die dem Leser die Recherche nach den jeweiligen Stücken ermöglicht, um einen vollständigen Gesamteindruck der Idee zu gewinnen. Andreas Bräutigam skizziert in seinem Beitrag die Herangehensweise der assoziativ geleiteten künstlerischen Programmgestaltung, wofür ich ihm sehr dankbar bin.

Auch das Plakat zum Symposium – ein Ausschnitt findet sich auf dem Buchcover wieder –, ein Werk der französischen Künstlerin Chloé Guerbois, regt zum Fantasieren an: Eine rote und eine blauviolette Wolke individueller Formen, die sich überlagern, rufen spielerisch und vielfältig individuelle Assoziationen wach. Eine auf dem Original sichtbare zarte Geometrie feiner weißer Linien versucht die Formwolken zu fassen und wirft die Frage nach der (Un-)Möglichkeit des Messens von unbewussten Prozessen auf.

Eric Kandel gelingt in seinem Buchbeitrag der Brückenschlag zwischen Kunst und Naturwissenschaft: Was geschieht aus neurobiologischer Perspektive im Betrachter eines abstrakten Kunstwerks? Er wird sozusagen zum Assoziieren gezwungen, da alles Konkrete, Gegenständliche fehlt. Welche biologischen Prozesse können neben der Sinneswahrnehmung die sehr individuelle Verarbeitung dieser komplexen Informationen ermöglichen und erklären? Vielfach finden sie tagtäglich unbewusst in den unterschiedlichsten Situationen statt: in Erfahrungen und Beziehungen zu anderen Menschen oder Dingen, die wir sehen, spüren, riechen und hören. Sinneseindrücke der äußeren Welt werden gemeinsam mit Erinnerungen unserer persönlichen Erfahrungswelt zu einer sehr individuellen Wahrnehmung verwoben. Die Psychoanalyse fasst das u. a. mit dem Begriff der Übertragung, und das Faszinierende daran ist: es gibt offenbar eine molekularbiologische Erklärung dafür.

Die menschliche Psyche und das Gedächtnis haben Eric Kandel Zeit seines Lebens beschäftigt, Bahnbrechendes hat er erforscht und entdeckt. Beeindruckend und berührend ist sein Lebenswerk, in dem es vor allem um das Erinnern geht, das Nicht-Vergessen, das *Niemals-Vergessen*. Das *Niemals-Vergessen* seiner schmerzhaften Erinnerungen an den Bruch in der Kindheit im nationalsozialistischen Wien der 1930er Jahre. Das Erforschen von Erinnerung und Gedächtnis ist sein Lebensthema: Erst intellektuell im Studium der europäischen Geschichte und deutschsprachigen Literatur, dann hautnah und persönlich in der eigenen Psychoanalyse und schließlich mit einem radikal reduktionistischen Ansatz in der Neurobiologie, der ihm Weltruhm einbrachte.

»Die wichtigste Errungenschaft meiner Arbeit war es, meinen Kollegen und der wissenschaftlichen Welt klarzumachen, dass ein komplexer mentaler Prozess wie Erinnerung molekular verstanden und ausgedrückt werden kann« (Übers. d. A.)[1], sagt er. Es ist eine Freude, seinen Beitrag in diesem Buch zu wissen.

Zurück zum interdisziplinären Salon, einem Ort für konstruktive Auseinandersetzung: Eric Kandel hat in einem Aufsatz von 1999, »Biologie und die Zukunft der Psychoanalyse« in deutlichen Worten an die Adresse der Psychoanalyse formuliert, dass sie sich seiner Auffassung nach, will sie als Wissenschaft überleben, um ihren »wissenschaftlichen Rahmen« kümmern müsse, womit er als Naturwissenschaftler den Bezug zur physiologisch-anatomischen Basis meint, die für ihn das Fundament darstellt. Kandel sagt, dass die Psychoanalyse immer noch die »kohärenteste und intellektuell befriedigendste Sicht des Geistes darstellt«, jedoch empfinde er es als enttäuschend, dass sie sich wissenschaftlich nicht weiterentwickelt hätte. Dies macht er am Mangel an Methoden fest, ihre »aufregenden Ideen wissenschaftlich zu überprüfen«. Neben seiner Kritik formulierte Kandel auch die Hoffnung, dass die Psychoanalyse in Zusammenarbeit mit seiner, der kognitiven Neurowissenschaft zu ihrer alten intellektuellen Stärke zurückfinden könne.

Werner Bohleber, einer der großen Denker der aktuellen deutschsprachigen und internationalen Psychoanalyse-Szene, stellt in seinem Beitrag dar, inwieweit sich das Konzept des

---

1 Interview mit Petra Seeger auf www.wfilm.de/auf-der-suche-nach-dem -gedaechtnis/eric-kandel_260 (12.2017).

Unbewussten seit Freud in den letzten 100 Jahren entwickelt, gewandelt und ergänzt hat. Inwieweit haben neurowissenschaftliche Erkenntnisse Bedeutung für die Psychoanalyse und umgekehrt? Und wo liegen eventuell die Grenzen eines Dialogs?

Der renommierte Neurobiologe Gerhard Roth und sein Team erforschten intensiv, inwiefern sich Effekte von Psychotherapie, auch der analytischen Therapien, neurobiologisch abbilden lassen. Von neurobiologischen Korrelaten unbewusster Prozesse handelt sein Beitrag.

Das Unbewusste zu verstehen, es wissenschaftlich evidenzbasiert nachzuweisen und psychoanalytisch zu erforschen, ist das eine, wie aber kann man mit seiner entfesselten und agierten Heftigkeit, dem Unmittelbaren, dem Irrationalen, wie es sich oftmals in schweren seelischen Krisen zeigt, konkret umgehen? Es ist eine Kunst, die Einfallsreichtum, Pragmatismus und vor allem Mitmenschlichkeit erfordert und das Wesen des Fachs Psychiatrie ausmacht. Der Direktor der Klinik für Psychiatrie und Psychotherapie der Berliner Charité-Universitätsmedizin Andreas Heinz gibt in seinem Buchbeitrag eine Antwort aus der Perspektive seines Faches.

Während meiner Ausbildung zum Arzt für Psychiatrie und später zum Psychoanalytiker habe ich oft erfahren, welch tiefe Kluft sich zwischen diesen beiden – so dachte ich ursprünglich – sich ergänzenden Bereichen auftun kann. In beiden Fachbereichen – so mein Eindruck – finden sich neben zaghafter Neugier oft Misstrauen und nicht selten auch Entwertung gegenüber der anderen Disziplin. Diese Entfremdung der eigentlich zusammengehörigen Disziplinen ist eine sehr bedauerliche Entwicklung, die nicht zuletzt einen enormen Qualitätsverlust für beide Bereiche und letztlich die Behandlungen unserer Patienten bedeutet. Diese Kluft kleiner zu machen, ohne dabei die individuellen, jeweils wertvollen Bedeutungen zu schmälern, empfinde ich als vielversprechende Herausforderung. Zudem scheint es von Bedeutung, bei der Erforschung des Unbewussten über den Tellerrand hinauszublicken und den Erfahrungsreichtum anderer – Natur- wie Geisteswissenschaften sowie von Kunst und Musik – miteinzubeziehen.

Notwendig dafür, aber auch sehr reizvoll ist es, einen wertschätzenden Rahmen zu schaffen, der ein gegenseitiges vorschnelles Be- und Entwerten unnötig macht. Durch die Schaffung so eines kommunikativen Raums für interdisziplinären Austausch, sozusagen eines Salons, der die Lücken zwischen den Wissenschaften bewohnbar und erfahrbar macht, kann Wertvolles und Neues entstehen.

Danksagung

Ich möchte den Autoren der einzelnen Beiträge herzlich für ihr Mitwirken an diesem Buch danken, weiterhin allen, die daran auf vielfältige Weise beteiligt waren. Herrn Dr. med. Bernhard Janta, meinem Mitherausgeber und Mitorganisator des Symposiums, bin ich für die zahlreichen, sehr inspirierenden Gespräche dankbar und verbunden. Besonders danken möchte ich für ihre mir sehr wertvolle fachlich kollegiale wie freundschaftliche Unterstützung Frau Dipl.-Psych. Jacqueline Moreau, Herrn Dr. med. Kurt Höhfeld, Frau Elisabeth Adametz, Mme. Mireille Gansel, Herrn Dr. med. Eberhard Jung, Frau Dipl.-Psych. Marion Braun sowie Frau Marie-Claire Thun vom Psychosozial-Verlag.

Der unbewusste Mensch – musikalische Assoziationen

Andreas Bräutigam

Beim Nachdenken über die Entstehung des musikalischen Programms für das Symposium *Der unbewusste Mensch* drängt sich mir die Analogie auf zur Art und Weise, wie – vielleicht Künstler im Allgemeinen – auf jeden Fall aber viele Musiker ihre Projekte gestalten: mehr oder weniger »unbewusst«. Irgendwie »unfähig«, ihren Gedanken, Ideen oder Gefühlen einen theoretischen Unterbau zu geben, sie zu formulieren. Das »Unbewusste« manifestiert sich für den Musiker, in seinem »Bauch« ziemlich genau Umrisse und Vorstellungen zur Kohärenz eines Programms zu finden – jedoch fehlt ihm oft jedwede Kapazität, diese Gestaltung zu beschreiben, zu begründen. Und so geht es auch mir.

Was war die Aufgabe für die Programmgestaltung? Zuerst einmal einen festlichen Rahmen zu erstellen, einen schwungvollen Beginn zu ermöglichen bzw. später auch Abwechslung, Ablenkung und Erfrischung zwischen den Vorträgen anzubieten – mit Musik, die auf verschiedene Weise anrührt, auflockert. Peter Warlocks *Capriol Suite* war mit ihrer Anmutung »im alten Stil« und ihrer Entstehungszeit (1926) das früheste der präsentierten Werke, als Auftakt in seinem solennen Charakter zum absehbar anstrengenden Tag bestens geeignet. In seinen *thema con variazioni* kündigen sich die vielfältigen, transdisziplinären Annäherungen an das eine Tagesthema an. Jedoch konnte es für ein Ensemble, das sich vorrangig mit

zeitgenössischer Musik beschäftigt, in dieser Art nicht weiter-
gehen. So wurde ein Übergang in unser eigentliches Metier
durch John Cages *Living Room Music* geschaffen – dies wäre für ein »Lagerdenken«, das natürlich auch im Bereich der
zeitgenössischen Musikproduktion existiert, eine nahezu un-
mögliche Programmkomposition, geradezu eine No-go-Area,
aus welcher Richtung man dabei auch immer kommen mag.
Das Werk, vorzutragen von vier Musikern mithilfe selbstge-
wählter Haushaltsgegenstände, ist inzwischen zweifellos auch
als unterhaltsames Stück Musikgeschichte zu verstehen, ent-
worfen von einem der radikalsten Kreativen des 20. Jahrhunderts. Der im Stück verwendete Text *Once upon a time*, von
den Ausführenden (heute würde man sagen: als Rap) zu sprechen, stammt von Gertrude Stein, einer Protagonistin Pariser
Salons zu Beginn des vergangenen Jahrhunderts, die ebenso wie
das Symposium versuchte, verschiedene Disziplinen (hier die
Vertreter verschiedener Künste) zum Zwecke des Austauschs
zusammenzuführen. Das Pragmatische, Kreative und Unmittelbare in der Instrumentation der Komposition leitet den
Beitrag der Psychiatrie zum Umgang mit dem Unbewussten
ein.

Zwei kurze zarte Stücke aus der Renaissance, übermalt
vom französischen Komponisten Gérard Pesson (*1958) und
ein wachrüttelndes Schlagzeugsolo seines griechischstämmigen
Landsmanns Iannis Xenakis (1922–2001) brachten Wirkung
in den Saal, die die Hinführung zum psychoanalytischen Vortrag von Werner Bohleber bildete: Wertvolles Altes wird neu
verstanden, die Quellen bleiben spürbar und doch ist es eine
zeitgenössische Komposition. Zusammen entsteht ein musika-
lischer Komplex. Pesson, ein Meister im Umgang mit Werken
der Musikgeschichte und deren Übersetzung in unsere Zeit,
kann in dieser Eigenschaft sicher auch nur un-be-wusst arbeiten, nur ahnen bzw. seiner Imagination folgen, wenn es um
die Neu-Interpretation bzw. die Neu-Komposition alter Musik
geht – da er ihrer Entstehung und ihren erstmaligen Aufführun-

gen schlechterdings nicht beiwohnen konnte und ihm damit jede direkte Erfahrung unmöglich ist. Dennoch gelangt er zu überzeugenden, zugleich tief berührenden klanglichen Ergebnissen.

Wenn man Gérard Pesson als re-komponierenden Interpreten alter Musik betrachtet, dann war Iannis Xenakis ein Übersetzer von Prinzipien der Architektur in Musik. Seine Werke stehen wie Gebäude vor dem Zuhörer, meist massig und intensiv in ihrer Klangwirkung.

Eric Kandels mit Spannung erwarteter Vortrag wurde eingeleitet mit Guillaume Connessons (*1970) *Sextuor* – prickelnder französischer Esprit in reiner Form, sozusagen als »Vorgruppe« des Hauptacts. Das Musikstück, inspiriert von den Formen einer minimal music, gesellt sich in assoziativer Analogie zum Thema von Kandels Vortrag, dem Reduktionistischen in Kunst und Hirnforschung, hinzu. Und nun wurden die Verbindungen zwischen Wissenschaft und Kunst evident, Eric Kandel stellte sie explizit heraus, der Kreis zu unserem Wirken und unserer Mitwirkung im Symposium an diesem Tag schloss sich.

Programm

Peter Warlock – *Capriol Suite* (1926) für Ensemble

Neurobiologische Grundlagen unbewusster Prozesse und deren Bedeutung für die Psychotherapie
Gerhard Roth

John Cage – *Living Room Music* (1940) für vier Musiker

Psychiatrie – die Kunst mit dem Irrationalen und Impliziten umzugehen
Andreas Heinz

Thomas Tallis/Gérard Pesson – *In Nomine – Instrumentation colorée II* (2001) für Ensemble

John Taverner/Gérard Pesson – *In Nomine – Instrumentation colorée I* (2001) für Ensemble

Iannis Xenakis – *Rebonds B* (1989) für Schlagzeug

Entwicklung der Konzeption des Unbewussten in der Psychoanalyse
Werner Bohleber

Guillaume Connesson – *Sextuor* (1998)

Reduktionismus in Kunst und Hirnforschung
Eric R. Kandel

Musiker des ensemble unitedberlin

Martin Glück, Flöte; Antje Thierbach, Oboe; Erich Wagner, Klarinette; Guillaume Vairet, Schlagzeug; Yoriko Ikeya, Klavier; Biliana Voutchkova & Andreas Bräutigam, Violine; Jean-Claude Velin, Viola; Lea Rahel Bader, Violoncello; Matthias Bauer, Kontrabass

Der Autor

Andreas Bräutigam absolvierte 1976 sein Studium an der Musikhochschule »Franz Liszt« in Weimar, Hauptfach Violine, und erhielt unmittelbar im Anschluss daran eine Stelle als Violinist im Orchester der Komischen Oper Berlin, die er bis heute innehat. 1989 gründete er das ensemble unitedberlin, seitdem ist er dessen Violinist und Geschäftsführer.

Neurobiologische Grundlagen unbewusster Prozesse und deren Bedeutung für die Psychotherapie

Gerhard Roth

Innerhalb der gängigen Psychotherapierichtungen und ihrer Wirkungsmodelle nimmt das Unbewusste konzeptuell eine höchst unterschiedliche Stellung ein. So spielt in der klassischen Verhaltenstherapie (VT) das Unbewusste keine besondere Rolle, da es den Vertretern der VT gleichgültig erscheint, ob Lern- bzw. Konditionierungsprozesse unbewusst oder bewusst erfolgen. Spekulationen über Bewusstseinsprozesse werden typischerweise abgelehnt. Es gibt allerdings inzwischen in der VT Ansätze, die die Wirkung unbewusster Prozesse von bewussten Prozessen unterscheiden und beide als wichtig erachten. Das Unbewusste wird hierbei aber nicht im Sinne der Freud'schen Lehre erfasst. Auch in der kognitiven Verhaltenstherapie (KVT) spielt das Unbewusste keine hervorgehobene Rolle, da es vor allem um explizite kognitive und damit bewusste Umstrukturierungen geht. Allerdings sollen hierdurch automatisierte und damit unbewusst gewordene Denk- und Handlungsweisen korrigiert werden.

In der humanistischen Therapie stehen Gespräch und bewusste Reflexion im Vordergrund, es gibt keine explizite Theorie des Unbewussten. Allerdings enthält für viele humanistische Richtungen (Gestalttherapie usw.) die *Körperbezogenheit* von Interventionen unbewusste Komponenten. In der Familientherapie und systemischen Therapie gibt es unter dem Einfluss psychoanalytischer Konzepte deutliche Anteile des Unbewussten, z. B. bei Aufstellungen. Hier sollen unbewusste Konflikte von Beteiligten im Rahmen der »systemischen Repräsentation« auf Stellvertreter übertragen werden. Das Unbewusste des Klienten soll dadurch bewusst gemacht werden. In der Erickson'schen Hypnotherapie wird das Unbewusste als eine positive Kraft angesehen, die durch unterschiedliche Interventionsformen nutzbar gemacht werden kann. Eine Nähe zum psychoanalytischen Konzept des Unbewussten besteht aber nicht (vgl. Roth & Ryba, 2016).

In der Freud'schen Psychoanalyse ist hingegen das Unbewusste von zentraler Bedeutung. Freud unterschied in seinem sogenannten »topografischen Modell« (auch »erste Topik« genannt) zwischen dem Unbewussten, dem Vorbewussten und dem Bewussten (vgl. Freud, 1915). Das primäre Unbewusste umfasst diejenigen »Triebanteile« des psychischen Apparats, die nach Erfüllung drängen, aber nicht direkt bewusst erfahrbar sind. Sie können jedoch gegebenenfalls über Bilder, Gedanken und Wünsche indirekt im Bewusstsein repräsentiert werden. Daneben gibt es das ins Unbewusste *Verdrängte* (dynamisches oder sekundäres Unbewusstes). Dieses umfasst Inhalte, die den Inhalten des Vorbewussten gleichen und an einer Bewusstwerdung durch einen Zensor aufgrund unbewusster Motive gehindert werden. Diese Inhalte können nach Freuds Meinung mithilfe der Psychoanalyse wieder ins Bewusstsein gebracht werden. Psychoanalyse ist entsprechend das Bewusstmachen des Unbewussten. Das wichtigste Instrument hierfür war für Freud neben der freien Assoziation die Deutung der Träume (»die Via regia zum Unbewussten« – Freud 1900/2000).

Im später entstandenen »strukturellen« Modell mit der Unterscheidung von Es, Ich und Über-Ich entwirft Freud eine andere Einteilung, indem er dem Es, dem Ich und dem Über-Ich jeweils unbewusste, vorbewusste und bewusste Anteile zuschreibt. Das Es arbeitet überwiegend unbewusst, und auch das Über-Ich hat deutliche unbewusste Anteile, während das Ich vornehmlich die Bewusstseinsinstanz darstellt, aber auch Träger der unbewussten Verdrängung ist (Freud, 1920).

Freud und seine Nachfolger haben allerdings nie eine konsistente Theorie des Unbewussten und seines Verhältnisses zum Bewussten und Vorbewussten entwickelt (s. dazu Bohleber in diesem Band). Freud hat anfangs gehofft, die Erkenntnisse der Neurowissenschaften könnten hier weiterhelfen. Diese Hoffnung wurde jedoch bald enttäuscht. In seinem berühmten Aufsatz »Das Unbewusste« von 1915 heißt es dazu:

> »Es ist ein unerschütterliches Resultat der Forschung, dass die seelische Tätigkeit an die Funktion des Gehirns gebunden ist wie an kein anderes Organ. Aber alle Versuche, [...] eine Lokalisation der seelischen Vorgänge zu erraten, alle Bemühungen, die Vorstellungen in Nervenzellen aufgespeichert zu denken und die Erregungen auf Nervenfasern wandern zu lassen, sind gründlich gescheitert. Dasselbe Schicksal würde einer Lehre bevorstehen, die etwa den anatomischen Ort des Systems Bw, der bewussten Seelentätigkeit, in der Hirnrinde erkennen und die unbewussten Vorgänge in die subkortikalen Hirnpartien versetzen wollte. Es klafft hier eine Lücke, deren Ausfüllung derzeit nicht möglich ist, auch nicht zu den Aufgaben der Psychologie gehört« (S. 16f.).

Es stellt sich die Frage, ob man hierin aus neurowissenschaftlicher Sicht inzwischen weiter ist.

Neurowissenschaftliche Erkenntnisse zum Verhältnis zwischen dem Bewussten, Vorbewussten und Unbewussten

In den vergangenen zwei Jahrzehnten haben – sozusagen in Fortsetzung der ursprünglichen Intentionen Sigmund Freuds – Forschungsresultate der Neurowissenschaften (Neurobiologie, Neurologie, Neuropsychologie) eine große, wenngleich nicht unumstrittene Bedeutung für Psychiatrie und Psychotherapie

gewonnen. Dabei hat die KVT schon früh die Chance gesehen, ihr Interventionsmodell und ihre psychotherapeutische Praxis durch neurowissenschaftliche Untersuchungen, vornehmlich
solche mithilfe der funktionellen Kernspintomografie, zu stüt-
zen (für eine Übersicht s. Roth & Strüber, 2018). Dagegen hat
sich die Psychoanalyse mit empirischen Untersuchungen lange
schwer getan, und erst vor wenigen Jahren wurden Ergebnisse von psychoanalytisch-psychodynamischen Therapien (Kurz-
und Langzeittherapien) vorgelegt, z. B. im Rahmen der »Han-
se-Neuropsychoanalyse-Studie – HNPS« (vgl. Buchheim et al,
2012; Wiswede et al., 2014).

Aus Sicht der Neurowissenschaften sind folgende Grundannahmen der klassischen Psychoanalyse gültig:
1.   Das Unbewusste bestimmt das Bewusstsein stärker als um-
       gekehrt.
2.   Das Unbewusste legt in der Entwicklung des Individuums
       sehr früh die Grundstrukturen des Psychischen und des
       bewussten Erlebens fest. Entsprechend sind schwere psy-
       chische Störungen im Erwachsenenalter in aller Regel die
       Folge unbewusster vorgeburtlicher und früh-nachgeburtli-
       cher psychoneuraler Fehlentwicklungen.
3.   Verdrängte Konflikte äußern sich in »verkleideter« Weise
       auf der Ebene der Bewusstseinszustände in Form von Wün-
       schen, Träumen, Fehlleistungen, Neurosen usw.
4.   Das Bewusstsein hat keine oder nur geringe Einsicht in die
       unbewussten Determinanten des Erlebens und Handelns.
       Dies erfordert zwingend die analytische Arbeit des Thera-
       peuten.

Wie bereits erwähnt, hat Freud – auch von ihm selbst zugege-
ben – kein in sich konsistentes Modell der Beziehung von Bewusstsein, Vorbewusstem und Unbewusstem vorgelegt. Es stellt
sich also die Frage, wie einschlägige Erkenntnisse der Hirnforschung lauten (vgl. Tabelle 1).

	Freud	Neurobiologisches Konzept
Bewusstsein	Inhalte des subjektiven Erlebens	Inhalte des subjektiven Erlebens
Vorbewusstes	Aktuell nicht bewusste Inhalte, die aber bewusst (gemacht) werden können	(a) Aktuell nicht bewusste Inhalte des eLZG, die bewusst (gemacht) werden können (b) Das »tiefe Vorbewusste«, dessen Inhalte aufgrund mangelnder Verankerung oder Verdrängung nicht selbst erinnert, aber ggf. mit fremder Hilfe bewusst gemacht werden können
Unbewusstes	(a) Das prinzipiell nicht Bewusst-Machbare (Triebbedürfnisse) (b) Verdrängte bzw. »zensierte« Wunschregungen, die mithilfe der Psychoanalyse nach Überwindung des Widerstandes bewusst gemacht werden können	(a) Alle subkortikalen und primären sensorischen und motorischen kortikalen Prozesse (»primäres Unbewusstes«) (b) Prozesse während der »infantilen Amnesie«, die prinzipiell *nicht* bewusst gemacht werden können (»sekundäres Unbewusstes«), weil zum Zeitpunkt des Auftretens noch kein eLZG vorhanden war

Tab. 1: Vergleich zwischen dem Konzept »Bewusstsein-Vorbewusstes-Unbewusstes« von Freud (1915) und dem hier vorgestellten neurowissenschaftlichen Konzept

a)   Bewusstsein

Aus heutiger neurobiologischer Sicht ist Bewusstsein unabtrennbar an Aktivitäten der assoziativen Großhirnrinde (Cortex cerebri) gebunden, während alle subkortikalen Prozesse grundsätzlich unbewusst sind. Allerdings tragen zahlreiche subkortikale Prozesse zum Entstehen von Bewusstsein im assoziativen Cortex bei, wie noch zu erläutern sein wird. Zugleich sind auch viele kortikale Prozesse nicht bewusstseinsfähig, und zwar solche, die in primären und sekundären sensorischen und motorischen kortikalen Arealen ablaufen.

Aus neuropsychologischer Sicht gibt es folgende Bewusst-seinszustände:

a) Wahrnehmung von Vorgängen in der Umwelt und im eige-nen Körper *(phänomenales Bewusstsein)*,
b) Bedürfniszustände, Affekte, Emotionen,
c) Aufmerksamkeit als erhöhter Bewusstseinszustand,
d) mentale Zustände wie Denken, Vorstellen und Erinnern,
e) Erleben der eigenen Identität und Kontinuität,
f) »Meinigkeit« des eigenen Körpers,
g) Verortung des Selbst und des Körpers in Raum und Zeit,
h) Autorschaft der eigenen Handlungen und mentalen Akte und
i) Unterscheidung zwischen Realität und Vorstellung.

Die Bewusstseinszustände a)–d) sind Inhalte des *Aktualbewusst-seins*, während man die Bewusstseinszustände e)–i) als *Hinter-grundbewusstsein* ansehen kann. Die Existenz dieser Zustände des Hintergrundbewusstseins wird nur bemerkt, wenn eines da-von aufgrund von Erkrankungen oder Verletzungen ausfällt, z. B. wenn eine Person sich nicht mehr im Spiegel erkennt (vgl. Kolb & Wishaw, 1993).

Man kann die genannten Bewusstseinszustände aufgrund der Folgen von Läsionen (Verletzungen oder Folgen von Schlag-anfällen) gut mit Aktivitäten in unterschiedlichen Arealen der Großhirnrinde in Verbindung bringen. Inhalte des Aktualbe-wusstseins werden im Arbeitsgedächtnis verarbeitet, das übli-cherweise gegliedert wird in einen vorderen Teil, der im dor-solateralen präfrontalen Cortex (dlPFC) lokalisiert ist, und in einen hinteren Teil, der sich im posterioren parietalen Cortex (PPT) befindet. Neuere Untersuchungen zeigen allerdings, dass auch zahlreiche weitere assoziativ-kortikale Areale an Prozessen des Arbeitsgedächtnisses beteiligt sind (Christophel et al., 2017). Das Bewusstsein der körperlichen Identität und eigenen räumli-chen Lokalisation entsteht im Zusammenhang mit Aktivitäten im posterioren parietalen Cortex (PPT), das Erleben der personalen Kontinuität ist eng an das autobiografische Gedächtnis gekoppelt, das sich teils ebenfalls im PPT, teils im posterioren cingulären Cortex (PCC) sowie im frontalen Pol des Temporallappens befindet. Das Gefühl der Autorschaft eigener Handlungen korreliert mit Aktivitäten des prä-supplementärmotorischen Areals (prae-SMA). Solche Ich- oder Bewusstseinszustände können, wenn Läsionen eng umgrenzt sind, unabhängig von anderen Ich-Zuständen ausfallen – sie haben also trotz aller Vernetztheit der Großhirnrinde eine modulare Organisation, u. a. aufgrund unterschiedlicher Ein- und Ausgänge (vgl. Karnath & Thier, 2012; Roth & Strüber, 2018).

Über die Funktion des Bewusstseins haben sich seit dem klassischen Altertum zahllose Philosophen und neuerdings Psychologen und Neurobiologen Gedanken gemacht. Aus aktueller psychologisch-neurobiologischer Sicht umfassen Bewusstseinsvorgänge folgende Funktionen:

a) Wahrnehmung von sensorischen Details der Umwelt und des eigenen Körpers,

b) Verarbeitung großer, multimodaler Datenmengen,

c) Semantisch tiefe Verarbeitung (einen Sinn erfassen),

d) interne Steuerung der Aufmerksamkeit,

e) komplexe mittel- und langfristige Handlungsplanung,

f) Erzeugung sekundärer Repräsentationen (Gedanken, Vorstellungen, Erinnerungen) einschließlich der Ich-Zustände und

g) nachhaltige Verankerung im deklarativen Langzeitgedächtnis.

Diese Funktionen können nicht ohne fokussiertes Bewusstsein ausgeführt werden, d. h. nicht ohne Aufmerksamkeit und Konzentration. Dies kann man sich zunutze machen, um zu überprüfen, ob eine Versuchsperson ihre Aufmerksamkeit auf bestimmte Inhalte gelenkt hat oder nicht. Im Regelfall gilt eine detaillierte Berichtbarkeit von Inhalten als guter Indikator. Entsprechend werden Bewusstseinszustände als Teile des *deklarativen* bzw. *ex-*

pliziten Systems angesehen. Man kann das Vorhandensein von Bewusstseinszuständen aber auch non-verbal testen, z. B. durch das Bewältigen oder Nichtbewältigen komplexer kognitiver Aufgaben, bei denen Detailwahrnehmungen und -erinnerungen nötig sind. Dies ist für die Frage der Existenz von Bewusstseinszuständen bei Tieren von großer Bedeutung (vgl. Roth, 2010).

Besonders wichtig ist die unter g) genannte nachhaltige Verankerung von Inhalten im explizit-deklarativen Langzeitgedächtnis (eLGZ). Eine Verankerung unbewusster (»subliminaler«) Wahrnehmungen und Erlebnissen und eine Verhaltensbeeinflussung sind durchaus möglich, dies benötigt aber in der Regel vielfache Wiederholungen, während ein *aufmerksam* und *emotional intensiv* wahrgenommenes Einzelereignis langfristig erinnert werden kann (»Dieses Erlebnis werde ich nie vergessen!«).

b)   Das Vorbewusste

Das Vorbewusste umfasst Inhalte, die aktuell bewusst sind und nach wenigen Sekunden ins eLZG absinken – es sei denn, sie werden mit kognitivem Aufwand (Konzentration, Wiederholung usw.) im Aktualgedächtnis gehalten. Aber auch das gelingt nur für kurze Zeit, z. B. im Rahmen intensiven Wahrnehmens, Wiederholens oder intensiven Nachdenkens. Je nach Vorverarbeitung im Arbeitsgedächtnis, der Art und der Stärke der Verankerung sowie der Verknüpfung mit bereits vorhandenen Inhalten können solche Inhalte des eLZG leichter oder schwerer erinnert werden.

Jedoch können bestimmte Inhalte so tief ins eLZG abgesunken sein, dass sie nicht mehr aus eigener Kraft erinnert werden können. Wir wollen sie deshalb Inhalte des *»tiefen Vorbewussten«* nennen. Das Absinken kann unterschiedliche Gründe haben. So kann der Inhalt zu geringe Zugriffsmöglichkeiten haben (z. B. keine starke emotionale Tönung, keine mehrfache Bestätigung, keine ausreichende Verknüpfung mit anderen Inhalten), oder der Inhalt kann im psychoanalytischen Sinne *verdrängt* und damit am Bewusstwerden gehindert sein. Allerdings ist aus neurobiologischer Sicht bisher unklar, welche zugrundeliegenden neuronalen Mechanismen dem »verdrängenden Zensor« zugrunde liegen. Es gibt Hinweise darauf, dass die Interaktion zwischen dem medialen PFC (besonders dem anterioren cingulären Cortex – ACC), dem Hippocampus und der Amygdala hierbei eine Rolle spielt.

Die Inhalte des tiefen Vorbewussten ähneln aufgrund der Tatsache, dass sie nicht durch eigenes Zutun erinnerbar sind, dem Unbewussten und werden oft mit ihm verwechselt. Auch bei Freud ist dies an verschiedenen Stellen seiner Schriften zum Unbewussten der Fall (vgl. Freud, 1915, 1933). Verdrängte Inhalte können als Teil des eLZG im Gegensatz zum Unbewussten zumindest im Prinzip bewusst gemacht werden, z. B. durch einen erfahrenen Psychotherapeuten oder irgendeinen zufälligen Anstoß, und oft tauchen dabei auch Details der Erlebnisse auf, was beim Unbewussten prinzipiell nicht der Fall ist (s. folgende Absätze). Allerdings ist das eLZG kein statischer Speicher im Sinne der Informationstechnologie, sondern ein System, das sich mit dem Eintreffen neuer Inhalte kontinuierlich umschreibt. So bilden sich im psychoanalytischen Sinne immer neue »Arbeitsmodelle« des Psychischen aus. Es gibt inzwischen viele Belege dafür, dass vermeintliche eigene Erlebnisse in Details oder sogar im Kerngeschehen konfabuliert sein können (Myers, 2015). Das bedeutet, dass dasjenige, was der Therapeut im intensiven Befragen des Patienten von diesem erfährt, keineswegs tatsächlich so geschehen sein muss (das »false memory«-Problem; vgl. Loftus & Pickerell, 1995; Myers, 2015). Der Patient kann auch bei völliger subjektiver Aufrichtigkeit nur dasjenige erinnern, was aus dem *momentanen* Zustand des eLZG hervorholbar ist. Aus historischer psychoanalytischer Sicht ist auch dieser Zustand in geringem oder hohem Maße »zensiert« und kann nicht als »objektiv« verlässliche Auskunft angesehen werden.

c)   Das Unbewusste

Zum Unbewussten gehören aus neurobiologischer Sicht folgende zwei Prozesse:

a)   alle Vorgänge in subkortikalen Hirnregionen und in nicht-assoziativen Cortexregionen *(primäres Unbewusstes)* und

b)   alle kognitiven und emotionalen Prozesse des Säuglings und Kleinkindes vor Reifung des assoziativen Cortex, auch wenn sie von ihm bewusst erlebt wurden *(sekundäres Unbewusstes)*.

Zu a): Alle Wahrnehmungen werden vom Eintreffen des Reizes auf die Sinnesoberflächen an für 200 bis 300 Millisekunden oder sogar länger unbewusst verarbeitet, ehe sie ins Bewusstsein gelangen, sofern sie die Bewusstseinsschwelle überhaupt übersteigen. Diese *primäre Unbewusstheit* von Sinneserfahrungen gilt für alle Prozesse, die in den Sinnesorganen (Netzhaut, Innenohr, Riechschleimhaut usw.), aber auch im Mittelhirndach, im dorsalen Thalamus und in den primären und sekundären sensorischen Arealen der Großhirnrinde ablaufen. Erst die zusätzliche und genügend starke und lange Aktivierung von *assoziativen* Cortexarealen führt zum bewussten Erleben.

Die »Entscheidung« über das Bewusstwerden oder Unbewusstbleiben verläuft in drei Phasen. In den ersten 100 Millisekunden werden Sinnesreize in den Sinnesorganen (z. B. Innenohr oder Netzhaut des Auges) und in Verarbeitungsstationen im Hirnstamm (Medulla oblongata und Mittelhirn), dann in den sensorischen Thalamuskernen (z. B. im medialen und lateralen Kniehöcker) und in den primären und sekundären sensorischen Arealen der Großhirnrinde inhaltlich vorverarbeitet, und es wird nach ca. 100 Millisekunden über »Neuheitsdetektoren« im Thalamus, Hippocampus und in den primären sensorischen Arealen des Cortex festgestellt, ob bzw. in welchem Maße der Reiz hinsichtlich seiner sensorischen Eigenschaften neu oder bekannt ist. Ist er »neu«, so tritt eine erste und eher reflektorische

Aufmerksamkeits-Vorbereitung ein, die sich im *ereigniskorrelierten Potenzial* (EKP) als »prä-attentive« negative »N1« oder »N100«-Welle zeigt. Diese Welle fällt umso stärker aus, je stärker der Neuigkeitswert des Reizes ist (Birbaumer & Schmidt, 2010).

Anschließend befasst sich das unbewusst arbeitende subkortikale limbische System, vornehmlich Amygdala, Ventrales Tegmentales Areal (VTA) und Nucleus accumbens, mit diesem neuen Reiz und bewertet ihn aufgrund ähnlicher Erfahrung nach den Kategorien »wichtig« und »unwichtig«. Hierbei spielt die emotionale Valenz, d. h. der positive oder negative Wert, eine zentrale Rolle. Diese Bewertung drückt sich im EKP als eine positive Welle, »P3« oder »P300« aus, die ungefähr 300 Millisekunden nach Beginn der Reizverarbeitung im EKP sichtbar wird. Die P300 fällt umso stärker aus, je unerwarteter und wichtiger im positiven oder negativen Sinne aus (der immer subjektiven) Sicht des limbischen Systems der Reiz ist. Erst im Fall, dass ein neuer Reiz *auch* als wichtig befunden wird, wird das Bewusstsein eingeschaltet, und die Aufmerksamkeit wird darauf gelenkt. Sind Reize bekannt oder auch unbekannt und unwichtig, so werden sie nicht weiterverarbeitet. Sind sie wichtig, aber bekannt, so werden sie an Netzwerke im Gehirn, z. B. in den Basalganglien, weitergeleitet, die sich bereits damit befasst haben, und es werden Verhaltensroutinen ausgelöst, ohne dass wir dies überhaupt oder im Detail bemerken.

Viele sensorische Reize sind zu kurz oder zu schwach, um unsere Großhirnrinde in einer Weise zu aktivieren, die für das bewusste Erleben notwendig ist; sie werden wie geschildert durch subkortikale Filterprozesse vom Bewusstwerden ausgeschlossen. Dennoch können sie einen messbaren Einfluss auf unsere Reaktionen nehmen, indem sie entweder direkt über den Thalamus oder indirekt über die primären und sekundären Areale des visuellen oder auditorischen Cortex zu subkortikalen Strukturen wie der Amygdala und von dort zu Zentren gelangen, die dann unser Verhalten steuern (Pessoa & Adolphs, 2010). Dies kann man zum

Beispiel mithilfe psychologischer Wahlexperimente demonstrieren, in denen »maskierte«, also nicht bewusst wahrnehmbare Hinweisreize eingesetzt werden. Hierbei flankiert man einen sehr kurz, beispielsweise für 30 Millisekunden dargebotenen Reiz mit zwei längeren Reizen, die wahrgenommen werden, aber ihrerseits die bewusste Wahrnehmung des sehr kurzen Reizes, etwa eines aufblitzenden Pfeils, der nach links oder rechts weist, unterdrücken. Die Versuchspersonen treffen dann statistisch häufiger die richtige Wahl, indem sie am Bildschirm den linken oder rechten Knopf drücken, ohne sagen zu können, warum sie dies tun. Grund für dieses Unvermögen ist, dass ihr bewusstseinsfähiger assoziativer Cortex nicht genügend erregt wurde, um eine bewusste Erfahrung zu ermöglichen. Andere Experimente zeigen, dass Personen auf maskiert präsentierte neutrale Gesichter durch gleichzeitiges Darbieten eines unangenehmen Reizes unbewusst negativ konditioniert werden können. Sie berichten dann, dass die – tatsächlich neutralen – Gesichter ihnen »irgendwie bedrohlich vorkommen«, oder sie zeigen Stressreaktionen wie erhöhtes Augenblinzeln oder verminderten Hautwiderstand.

Zu b): Ein sensorisches Erlebnis- und Aufmerksamkeitsbewusstsein tritt wahrscheinlich schon kurz nach der Geburt im noch sehr begrenzten Arbeitsgedächtnis auf. Allerdings können sich diese Inhalte noch nicht längerfristig im Gedächtnis verankern, weil das eLZG noch nicht funktionstüchtig ist. Hierzu müssen der Hippocampus als »Organisator« und die assoziative Großhirnrinde als Speicherort der deklarativen Gedächtnisinhalte hinreichend ausgereift sein. Innerhalb des Hippocampus reift der für das eLZG zuständige Gyrus dentatus am spätesten aus, d. h. erst nach zwei bis drei Jahren, und schon dies mag die Hauptursache für die »infantile Amnesie« sein. Ich nenne es das »sekundäre Unbewusste«. Aus psychopathologischer Sicht ist dies zusammen mit vorgeburtlichen negativen Prozessen wie dem Einfluss des Gehirns einer traumatisierten werdenden Mutter die Periode schwerer struktureller Störungen im Sinne von G. Rudolf (2012).

Die Tatsache, dass Inhalte des primären und sekundären Unbewussten nicht erinnerbar sind, bedeutet natürlich nicht, dass sie keine Wirkung haben, sondern nur, dass dasjenige, was dort geschieht, nicht bewusst erlebt wird. Im Gegenteil – der Einfluss des Hypothalamus, der Amygdala, des Nucleus accumbens und des dorsalen Striatum auf die limbischen und kognitiven Areale der Großhirnrinde und den Hippocampus ist sehr stark. Es treten in den kortikalen und limbischen Arealen Bilder, Wörter, Töne, Gedanken, Vorstellungen, Erinnerungen und Motive auf, die auf eine nicht oder nicht verlässlich feststellbare Weise mit dem Einfluss aus dem Unbewussten zusammenhängen können, aber nicht müssen. In jedem Fall entstammen die konkreten, detailhaften Erlebnisinhalte immer dem im Cortex angesiedelten deklarativ-expliziten Gedächtnis. Sie sind Ausschmückungen oder Hinzudichtungen eines möglicherweise unbewussten Kerninhalts.

Wie arbeitet das Unbewusste?

Wie erwähnt, vollzieht sich jegliche Reizverarbeitung in den ersten rund 300 Millisekunden unbewusst und wird dabei zum einen hinsichtlich der sensorischen Eigenschaften des Reizes vorverarbeitet und dann nach »unbekannt vs. bekannt« und »wichtig vs. unwichtig« vorbewertet. Letzteres entscheidet darüber, ob überhaupt bzw. in welchem Maße Reize bewusst und mit Aufmerksamkeit belegt werden.

Die unbewusste Bewertung nach »wichtig vs. unwichtig« geschieht über Areale, zu denen vor allem die Amygdala, der Nucleus accumbens und der Hippocampus gehören. Allerdings sind die Details der Funktionen dieser Zentren und ihres Zusammenwirkens noch nicht hinreichend bekannt. Dies gilt vor allem für die Amygdala.

Die Amygdala wird anatomisch und funktional in einen zentralen, kortikalen, medialen, basalen und lateralen Kernbereich eingeteilt. Die zentrale Amygdala ist in enger Verbindung mit dem Hypothalamus zuständig für die Regulation vegetativer Funktionen wie dem Herz- und Kreislaufsystem, der Atmung, Schlafen und Wachen, dem Hormonhaushalt, dem Stressverhalten sowie bei der Kontrolle des unspezifischen Erregungsniveaus (Li et al., 2011); die kortikale und mediale Amygdala sind Orte der Verarbeitung primärer und pheromonbezogener olfaktorischer Informationen, die alle eine starke emotionale Komponente haben.

Die basale und laterale Amygdala sind Orte des unbewussten Lernens im Rahmen klassischer und operanter Konditionierung und der Vermittlung emotionaler Komponenten erlernten Wissens und Verhaltens. Während in der Vergangenheit die Amygdala vornehmlich im Zusammenhang mit der Wahrnehmung und Bewertung negativer oder überraschender Ereignisse, insbesondere bei der Furchtkonditionierung, gesehen wurde (vgl. LeDoux, 1998), gibt es inzwischen zahlreiche Belege dafür, dass die Amygdala auch positive, insbesondere überraschende Ereignisse erkennt und verarbeitet, aber auch Risiken und Unsicherheiten (Murray et al., 2007; Paz & Paré, 2013). Dies geschieht in enger Interaktion mit dem Nucleus accumbens.

Die basale und laterale Amygdala reagiert auf Objekte, Geschehnisse und kommunikative Signale wie Mimik und Gestik. In Hinblick auf die Mimik reagieren Neurone der basolateralen Amygdala jedoch am stärksten auf ängstliche Gesichter, weniger stark auf bedrohliche und nur schwach auf neutrale oder freundliche Gesichter. Im Zusammenhang mit dem Erkennen der emotionalen Bedeutung von Geschehnissen kommt es zu einer engen Interaktion der basolateralen Kerngruppe mit dem Hippocampus und den assoziativen kortikalen Arealen, vor allem mit dem orbitofrontalen, ventromedialen und anterioren cingulären Cortex sowie mit dem Hippocampus und der ihn umgebenden Rinde (Bocchio et al., 2017). Dies gilt zum Beispiel für das Erlernen und Wiedererkennen auffallender und wichtiger Umweltereignisse.

Es wird angenommen, dass die basolaterale Amygdala bei der emotionalen Konditionierung unmittelbar nach dem Reiz von den primären sensorischen Cortexarealen vorläufige Informationen erhält. Ein wenig später bekommt sie assoziative Eingänge vom Cortex und vom Hippocampus zu den inhaltlichen Details der emotionalisierenden Geschehnisse oder Objekte und zu deren Kontext (Pessoa & Adolphs, 2010). Die entsprechend verarbeiteten Informationen werden einerseits zum Hippocampus im Zusammenhang mit der Konsolidierung bedeutungshafter Erfahrung weitergeleitet, andererseits zur zentralen Amygdala, die dann in Hirnstammzentren die entsprechenden vegetativen und motorischen Reaktionen auslöst.

Der Nucleus accumbens ist Teil des ventralen Striatum. Er wird eingeteilt in eine Schalen-(»Shell«-)Region und eine Kern-(»Core«-)Region. Im Gegensatz zu früheren Auffassungen reagiert der Nucleus accumbens nicht nur auf positive, sondern auch auf negative Reize. Dennoch kommt ihm eine besondere Rolle bei lustbetonten (»hedonischen«) Zuständen zu, die insbesondere in der Schalenregion verarbeitet werden. Die Kernregion zeigt hingegen vornehmlich den Belohnungswert von Objekten und Handlungen an. Damit erfüllt der Nucleus accumbens zwei wesentliche Funktionen des Motivationssystems.

Zum einen ist dies in Wechselwirkung mit dem ventralen tegmentalen Areal (VTA) das unbewusste Registrieren von Belohnung/Lust und Bestrafung/Schmerz und das Verknüpfen mit Stoffen, die im bewusstseinsfähigen limbischen Cortex entweder angenehme Gefühle hervorrufen (die endogenen Opioide und Cannabinoide) oder unangenehme bzw. schmerzhafte Gefühle (Substanz-P, Vasopressin, Cholezystokinin oder Stresshormone wie Noradrenalin und Cortisol). Zum anderen ist der Nucleus accumbens wesentlich an der Kontrolle des Eintretens erwarteter Belohnungen und Bestrafungen und in diesem Zusammenhang an der Ausbildung von Belohnungs- und Bestrafungserwartung beteiligt. Hierbei werden durch spezialisierte Neurone wichtige

Aspekte dieser Erwartung codiert, nämlich die Art und Stärke von erwarteter Belohnung und Bestrafung, deren Auftrittswahrscheinlichkeit, Erreichbarkeit und vermutliche Wirkungsdauer. Diese positiven und negativen Faktoren werden miteinander verrechnet, und es bilden sich unbewusste Entscheidungs- und Handlungsmotive aus (vgl. Schultz et al., 2007), die dann auf bewusstseinsfähige limbische Areale einwirken wie den orbitofrontalen und ventromedialen Cortex. Zugleich gehen diese Informationen zum einen an das dorsale Striatum zur unbewussten Verhaltenssteuerung und zum anderen an den Hippocampus als Organisator des deklarativ-expliziten Langzeitgedächtnisses.

Das dorsale Striatum ist in seinem innenliegenden (medialen) Teil der Ort der Registrierung erwarteter positiver und negativer Ereignisse (Belohnung und Bestrafung) und zugleich die Instanz der letzten Verhaltensentscheidung, bei dem unbewusste Motive und bewusste Ziele integriert und unter der Kontrolle des subkortikalen Bewertungssystems bestimmte Verhaltensweisen entweder freigeschaltet oder gehemmt werden. Dies geschieht dadurch, dass unter dem Einfluss von Amygdala und Nucleus accumbens die Substantia nigra pars compacta auf erregende oder hemmende Dopaminrezeptoren im dorsalen Striatum einwirkt (Details in Roth & Strüber, 2018). Dieser Prozess hat bei allen Entscheidungen das »letzte Wort«, d. h., es kann geschehen, dass Handlungen *bewusst gewollt* werden, aber aufgrund eines fehlenden »Freischaltungssignals« unterbleiben. Oft schreibt dann das Bewusstsein die ursprünglichen Intentionen rückwirkend um, um sie passend zu machen (Wegner, 2002).

Das dorsale Striatum ist in seinem außen liegenden (lateralen) Teil der Ort aller Gewohnheiten und Automatismen, d. h. von Handlungen, die wir überhaupt nicht oder nicht im Detail planen müssen, sondern höchstens in seinem Beginn beeinflussen. Üblicherweise werden solche Automatismen anfangs bewusst und aufmerksam gelernt. Je länger aber das anfangs meist mühsame Einüben sich perfektioniert, desto automatischer laufen die Handlungen und Bewegungen ab, bis ihre Details gar nicht mehr wahrgenommen werden. Das Gehirn trachtet stets danach, alles und jedes zu Gewohnheiten zu machen, weil dies sehr viel weniger neuronale und damit stoffwechselphysiologische Ressourcen verbraucht als eine bewusste Handlungs- und Bewegungssteuerung, und weil dadurch Risiken von Fehlhandlungen in bestimmten Situationen vermieden werden. Der große Vorteil von Automatismen und Gewohnheiten ist zugleich auch ihr großer Nachteil in dem Sinne, dass sie, wenn einmal verfestigt, nur schwer verändert werden können, und zwar umso schwerer, je früher sich die Gewohnheiten ausbilden und je stärker sie ursprünglich positiv besetzt waren.

Dies erweist sich bei jedem psychotherapeutischen Versuch einer Verhaltensänderung, etwa von Vermeidungsverhalten oder dysfunktionalen Denk- und Gefühlsschemata, als größtes Problem. Zudem tritt bei einer erfolgreichen Verhaltensmodifikation nicht – wie klassischerweise von Verhaltenstherapeuten behauptet – eine »Löschung« im Sinne eines Ausradierens von Inhalten des Gewohnheitsgedächtnisses ein, sondern nur ein Überlernen. Dies bedeutet, dass die neuen Gewohnheiten das Produkt eines *neuen, eigenständigen Lernprozesses* sind, der einen bleibend oder auch nur vorübergehend stärkeren Zugriff zur Verhaltenssteuerung erhält als die alten Gewohnheiten. Letztere werden nicht vernichtet, sondern nur abgedrängt. In bestimmten hochaffektiven Situationen können sie als »Regressionen« wieder hervorbrechen (vgl. Fendt & Fanselow, 1999; LeDoux, 2000; Grawe, 2004).

Der Hippocampus liegt am inneren unteren Rand des Temporallappens und ist vom entorhinalen bzw. parahippocampalen Cortex umgeben, mit dem er eine funktionale Einheit bildet. Die zwei wesentlichen Funktionen des Hippocampus betreffen die Beteiligung an der Stressregulation (vgl. Roth und Strüber, 2018) sowie zusammen mit der umgebenden Rinde die Zwischenspeicherung und Organisation von Inhalten, die vom Arbeitsgedächtnis vorverarbeitet wurden und dann ins eLGZ in der Großhirnrinde »eingelesen« werden. Der Hippocampus legt fest, was von den Inhalten des Arbeitsgedächtnisses in welcher Form an welchem Speicherort im eLGZ abgelegt werden soll. Dies geschieht vornehmlich während des Schlafes. Ebenso sind der Hippocampus und die umgebende Rinde in noch nicht ganz geklärter Weise am Abruf (»Erinnern«) von Inhalten des eLGZ beteiligt. Für die Effektivität des Erinnerns sind die kognitive Prägnanz einschließlich der Akzentuierung durch Aufmerksamkeit, das wiederholte Erleben, die emotionale Einbettung und die Anschlussfähigkeit an vorhandene Inhalte entscheidend. Sind diese Faktoren gering ausgeprägt, so sinken die Inhalte tief ins Langzeitgedächtnis und damit ins Vorbewusste ab, sind sie stark ausgeprägt, so geschieht in aller Regel das Erinnern leicht.

Der Hippocampus steht bei diesen Funktionen unter starkem Einfluss vieler kortikaler und subkortikaler Zentren. Neben dem dorsolateralen, orbitofrontalen und ventromedialen Cortex sind dies vornehmlich die Amygdala und der Nucleus accumbens, die auf unbewusste Weise die zur Verankerung im eLGZ anstehenden Inhalte emotional einfärben. Vermutlich ist der Hippocampus unter diesem Einfluss an dem bisher nur wenig verstandenen Prozess der *Verdrängung* beteiligt.

Der unbewusst-schnelle und der bewusst-langsame Pfad

In den vergangenen Jahren ist in Psychologie und Neurowissenschaften das Modell des »schnellen und des langsamen Pfades« bei der Reizverarbeitung und Verhaltenssteuerung sehr populär geworden. Dieses Modell geht auf Untersuchungen des Neurobiologen Joseph LeDoux bei Ratten im Zusammenhang mit auditorischer Furchtkonditionierung zurück (vgl. LeDoux, 1998, 2000). Bei der Ratte verläuft ein »schneller« sukortikaler Pfad der Reizeinwirkung vom Innenohr und Hirnstamm zu auditorischen Kernen des Thalamus und von dort direkt in die Amygdala.

Dies löst dann die konditionierungsbedingte erhöhte Furcht- und Schreckreaktion aus. Ein »langsamer« Pfad läuft über andere Thalamuskerne zum primären und sekundären auditorischen Cortex und dann zu assoziativen auditorischen Zentren, die eine langsame und komplexere Antwort ermöglichen. Auf den Menschen übertragen schien dies gut zu erklären, warum wir bei einem Knall oder Lichtblitz zusammenzucken, bevor wir merken, warum wir das tun (LeDoux, 1998). Allerding haben sich die bei der auditorischen Furchtkonditionierung der Ratte gefundenen Erkenntnisse als nicht vollständig übertragbar auf Primaten einschließlich des Menschen erwiesen (vgl. Pessoa & Adolphs, 2010).

Zum einen gibt es im Primaten- und Menschengehirn weder im auditorischen noch im visuellen oder somatosensorischen System einen direkten Eingang von thalamischen Kernen in die Amygdala. Vielmehr laufen die Reize vom Thalamus erst einmal zu den primären und sekundären sensorischen Cortexarealen, werden dort unbewusst weiterverarbeitet, und das Ergebnis wird dann parallel zu assoziativen kortikalen Arealen und zur Amygdala weitergeleitet. Die Amygdala bekommt also auch bei Primaten schnelle und unbewusste, aber über kortikale Instanzen laufende Informationen. Dies erklärt, warum die Amygdala zumindest zum Teil auf sensorische Details wie drohende Augen oder eine geballte Faust reagieren kann, ohne dafür spezielle sensorische Verarbeitungsnetzwerke zu besitzen. Zugleich allerdings bekommen – anders als früher angenommen – über die primären und sekundären sensorischen Areale auch assoziative kortikale Areale im Frontal- und Temporallappen sehr schnelle Reizinformationen (Pessoa & Adolphs, 2010). Die Weiterverarbeitung dieser Informationen dauert allerdings länger – vermutlich aufgrund der detaillierten Abfrage des Langzeitgedächtnisses und der komplexeren Verarbeitung, ehe auch diese Zentren ihre Informationen zur Amygdala senden. Diese Informationen kommen dadurch etwa bei unmittelbar bedrohlichen Reizen in aller Regel zu spät, um eine schnelle unangepasste Reaktion zu verhindern, sie können aber nach 500 bis 100 Millisekunden, als sogenannte kortikale Kontrolle, modifizierend oder auch hemmend eingreifen.

Unbewusst wirkende psychische Faktoren

Wie bereits erwähnt, bilden unbewusste Anteile unserer Persönlichkeit die Grundlage und den Rahmen unseres bewussten Handelns. Ihre Grundlage können genetisch-epigenetische oder vorgeburtliche Einflüsse sein, meist vermittelt durch den Körper und das Gehirn der werdenden Mutter, oder frühe nachgeburtliche negative Einflüsse, zum Beispiel im Rahmen des Bindungsverhältnisses, auf das noch unreife Gehirn des Kindes (vgl. Strüber, 2016). Hierbei handelt es sich im Wesentlichen um die Ausbildung der für die Temperament- und Persönlichkeitsentwicklung primär wichtigen Systeme der Stressregulation und der Selbstberuhigung. Bei der Stressregulation spielt der Besatz an Rezeptoren für Stressverarbeitungssubstanzen wie Corticotropin-Ausschüttungs-Hormon (CRH) und Cortisol eine wichtige Rolle, und zwar besonders im Hippocampus und im medialen frontalen Cortex. Dieser Besatz kann durch Genvarianten (Polymorphismen) der beteiligten Stress-Substanzen bedingt sein, aber auch durch den Einfluss des mütterlichen Cortisolspiegels auf den Fötus, und zwar über die mütterliche Blutbahn, Plazenta und Nabelschnur des Fötus.

Ein bestimmter mittlerer Cortisolspiegel im Blut der Mutter ist notwendig, damit sich ein normaler Besatz an regulatorischen Glucocorticoid- und Mineralocorticoid-Rezeptoren im Gehirn des ungeborenen Kindes ausbildet, wenngleich die Plazenta in ihrer Filterfunktion die Menge des Cortisols im mütterlichen Blut auf ca. ein Dreizehntel vermindert. Eine chronische Erhöhung des Cortisolspiegels im Gehirn und Blutplasma der werdenden Mutter aufgrund akuter oder früherer traumatischer Erlebnisse führt dagegen zu einer dramatischen Erhöhung der

Durchlässigkeit der Plazenta für Cortisol. Dies schädigt die fötale Entwicklung der Stressachse nachhaltig, insbesondere die Ausbildung der regulatorischen Rezeptoren im Hippocampus und anderen Hirnteilen. Ebenso werden die in der Plazenta vorhandenen CRF-, Oxytocin-, Serotonin- und Acetylcholin-Rezeptoren nachhaltig beeinflusst. Hierdurch kann das Temperament, mit dem das Kind auf die Welt kommt, stark beeinflusst werden (Details in Roth & Strüber, 2018).

Nachgeburtlich können frühe traumatische Erfahrungen, etwa in Form sexuellen Missbrauchs, körperlicher oder psychischer Misshandlung, Vernachlässigung bzw. inkonsistenten Fürsorgeverhaltens, einer ungelöst-desorganisierten Bindungserfahrung, früher Gewalterfahrung, stark konflikthafter Trennung der Eltern oder Tod einer Bindungsperson zu einer starken Erhöhung oder Verminderung des kindlichen Cortisolspiegels führen. Dies drückt sich in einer Störung des Cortisolstoffwechsels und als Folge davon in Angststörungen, Depressionen, Phobien und bei weiterer schwerer psychischer Belastung zur Ausbildung einer posttraumatischen Belastungsstörung aus, wenn nicht innerhalb eines frühen Zeitraums von etwa zwei Jahren kompensatorische positive Bindungserfahrungen gemacht werden (vgl. dazu Strüber, 2016). Dies geschieht oft innerhalb der genannten »infantilen Amnesie« und ist daher, obwohl meist bewusst erfahren, nicht erinnerbar.

Durch solche negativen Einwirkungen wird auch das in vieler Hinsicht als Gegenspieler des Stresssystems wirkende Selbstberuhigungssystem geschädigt, das auf einer Kombination von Serotonin und endogenen Opioiden beruht und im Normalzustand geeignet ist, Stress akut abzumildern. Ein Mangel an Serotonin bzw. sogenannten 5HT1A-Rezeptoren drückt sich ebenso wie ein erhöhter Cortisolspiegel in affektiven Störungen aus. Dies wird ebenfalls durch genetisch-epigenetische, vorgeburtlich und früh-nachgeburtlich wirkende Faktoren über einen Hypercortisolismus hervorgerufen. Ein drittes hierbei wichtiges System ist das Oxytocin-vermittelte Bindungssystem. Aufgrund einer positiven Bindungserfahrung wird im Kleinkind vermehrt Oxytocin zusammen mit Serotonin und endogenen Opioiden ausgeschüttet, und dies führt zu einer deutlichen Reduktion der CRF-Cortisol-Produktion und dadurch zu einer Verminderung von Angst- und Bedrohtheitsgefühlen. Die gleichzeitige Erhöhung des Spiegels von Serotonin und endogenen Opioiden führt zu einer Beruhigung und Erhöhung des Wohlbefindens, und dies kann in begrenztem Umfang frühe Schädigungen kompensieren.

All diese subkortikalenVorgänge sind nicht mit bewussten Erlebnissen verbunden, sondern stellen Vorgänge der Etablierung und Modifikation von regulatorischen Neuronen-Netzwerken dar. Wie bereits erwähnt, induzieren sie – sofern genügend stark – in den kortikalen limbischen Arealen Gefühle, Gedanken und Vorstellungen. Wie LeDoux in einem kürzlich erschienenen Aufsatz klarstellte (2017), kann man entsprechend von der Amygdala oder dem Nucleus accumbens nicht vom Ort »unbewusster Gefühle« sprechen, sondern nur von Netzwerken, die über eine Einwirkung auf bewusstseinsfähige kortikale Netzwerke zum Entstehen von Gefühlen, Vorstellungen usw. führen. »Unbewusste Gefühle« – darauf hat schon Freud hingewiesen – wären eine »contradictio in adjecto«: Gefühle müssen gefühlt werden!

Welchen Zugang zum Unbewussten gibt es?

Die moderne psychoanalytisch-psychodynamische Grundüberzeugung lautet, dass dem bewussten Erleben und Tun unbewusste und vorbewusste Ereignisse zugrunde liegen, die allerdings eine hohe Dynamik und Abwandlung besitzen und deshalb nicht eine objektive Realität, sondern den gegenwärtigen Stand der psychischen Entwicklung darstellen. Das Auffinden solcher Geschehnisse im Rahmen einer Psychotherapie ist somit erforderlich, und zwar umso mehr, je stärker die Belastungen und Erkrankungen ausgeprägt sind. Diese Stärke resultiert daher aus der *dynamischen Vorgeschichte* einschließlich vorgeburtlicher Geschehnisse, wie sie oben genannt wurden. Dies erklärt, warum durch dasselbe negative Ereignis Menschen später entweder gar nicht, nur leicht oder schwer traumatisiert werden und eine posttraumatische Belastungsstörung ausbilden. Bei ihnen liegt eine genetisch-epigenetische oder eine durch vor- und frühnachgeburtliche negative Einflüsse entstandene Vorbelastung (»Vulnerabilität«) vor.

Beim Aufdecken von Erinnerungen, die mit Ereignissen jenseits der infantilen Amnesie zusammenhängen und deshalb im Vorbewussten lokalisiert sind, hängt es vom Geschick des Therapeuten ab, inwieweit solche Erinnerungen wieder »hervorgeholt« werden können. Es gibt, wie erwähnt, zwar immer das Risiko der »false memories« (vgl. Loftus & Pickerell, 1995), aber ein erfahrener Therapeut wird dieses Risiko auf vielfältige Weise abschätzen können. In keinem Fall erfährt er aber auf diese Weise die im primären und sekundären Unbewussten enthaltenen Informationen. Das gilt auch für die Traumdeutung als angeblichen »Königsweg« zum Unbewussten, wie Freud anfangs meinte. Träume entstehen sowohl im REM- als auch Nicht-REM-Schlaf aufgrund der Einwirkung von Hirnstammzentren, welche die verschiedenen Schlafphasen regeln, aber ihre Inhalte stammen aus dem eLZG. Die charakteristischen Inhalte von Träumen, d. h. Bilder, Töne, Worte, Erlebnissequenzen und insbesondere Gefühle sind also das Ergebnis von Aktivitäten im assoziativen Cortex und nicht im Unbewussten, wie man im Schlaf-Traum-EEG gut sehen kann. Wie bereits Freud in seiner *Traumdeutung* vermutete, kommt es hier zu einer Überaktivierung des episodischen Langzeitgedächtnisses. Ob sich dahinter aber eine bestimmte Funktion verbirgt, und wenn ja, welche, ist trotz intensiver Traumforschung nach wie vor unklar (vgl. Myers, 2015).

Zahlreiche Experten meinen, dass Träume eine wichtige Rolle bei der Konsolidierung von Inhalten des Langzeitgedächtnisses spielen, wobei umstritten ist, ob Träume die »passenden« Inhalte stabilisieren oder die »unpassenden« löschen oder unterdrücken – oder beides. Es könnte sich bei den Träumen aber auch um ein spontanes »Gewitter« handeln – ohne jegliche Funktion, vergleichbar einem epileptischen Anfall. In jedem Fall aber liegt keine Wiedergabe unbewusster Prozesse vor, sondern vermutlich eine teilweise und »verkleidete« Widerspiegelung *aktueller* psychischer Konflikte, die ihre Wurzeln in Geschehnissen aus sehr unterschiedlichen Entwicklungsphasen haben können (unbewusst vorgeburtlich oder früh-nachgeburtlich, größtenteils bewusst in Kindheit, Jugend und Erwachsenenalter), aber nicht müssen.

Wenn aber weder das intensive Befragen des Patienten, dessen freie Assoziationen noch die Deutung seiner Träume einen *verlässlichen* Zugang zu seinem Unbewusstem liefern, was bleibt dann an Zugängen zum Unbewussten übrig?

Aus neurowissenschaftlicher Sicht handelt es sich um drei mögliche Zugänge: zum ersten um die Beobachtung der *para-verbalen* und der *non-verbalen Kommunikation* des Patienten. *Para-verbale* Kommunikation umfasst die Art, *wie* der Patient sich sprachlich ausdrückt, nämlich schnell und glatt, was auf vorbereitete Antworten schließen lässt, oder suchend, fahrig, widersprüchlich, was Konflikte im Umgang mit den berichteten Inhalten verrät usw. Solche Signale sind allerdings nicht sehr verlässlich, denn sie können sowohl im Vorbewussten als auch im Unbewussten ihre Ursprünge haben. Bei den *non-verbalen* kommunikativen Signalen handelt es sich um solche der Gestik, Mimik, Blicksteuerung und Stimmtönung, die primär von subkortikalen limbischen Zentren gesteuert werden und uns in aller Regel nicht oder nicht im Detail bewusst sind. Allerdings gelingt es, einige Bestandteile der *non-verbalen* Kommunikation willentlich zu steuern, was aber mit erheblichem Aufwand verbunden ist und schwindet, sobald die Konzentration nachlässt (es sei denn, man hat dies jahrelang trainiert), wenn man abgelenkt ist oder unter Stress gerät. Allerdings setzt eine willentliche Kontrolle dieser Signale erst nach rund 500 Millisekunden ein, und ein trainierter Beobachter kann sich dies zunutze machen. Überdies ist die Aktivität des Augenringmuskels keiner willentlichen Kontrolle unterlegen, und Augen und Blicke »verraten« den augenblicklichen Gemütszustand am klarsten.

Wie Forschungen zeigen, ist der »erste Eindruck«, der über diese Signale vermittelt wird, in dem Sinne längerfristig wirksam, als er in rund 70% der Fälle auch nach einem Jahr noch vorhanden ist (Adolphs, 1999). Allerdings ist die Deutung solcher *non-verbalen* Signale ein schwieriges Geschäft, wie jeder erfahrene Psychotherapeut weiß, und keineswegs so verlässlich, wie es populärwissenschaftliche Darstellungen glauben machen wollen (vgl. Ekman, 2004). Ethnologen konnten bei einigen *non-verbalen* kommunikativen Signalen eine gewisse Kulturabhängigkeit zeigen, zum Beispiel beim »Naserümpfen«. Innerhalb derselben Kultur enthüllen sie wegen ihrer momentanen Nicht-Kontrollierbarkeit aber relativ gut die vorliegende Befindlichkeit des Patienten wie auch Aspekte seiner Persönlichkeit, denn sie werden von limbischen Zentren gesteuert, die in die Organisation der Persönlichkeit direkt eingebunden sind.

In subkortikalen und limbisch-kortikalen Teilen unseres Gehirn wie der Amygdala, dem insulären Cortex und dem Temporallappen (superiorer temporaler Gyrus, fusiformer Gyrus) werden die genannten Signale registriert, und wir nehmen sie in weniger als einer Sekunde entweder unbewusst oder intuitiv wahr, z. B. als Zeichen für Sympathie und Glaubwürdigkeit. Sie legen dann relativ hartnäckig den Rahmen der weiteren kommunikativen Interaktion fest und sträuben sich ebenso hartnäckig gegen alternative Erfahrungen.

Ein zweiter Zugang zum Unbewussten des Patienten sind Körperhaltung und vegetative Reaktionen (Augenblinzeln, Hautleitwiderstandsänderungen, Muskelanspannungen, Tics usw.). Sie werden von denselben subkortikalen Zentren gesteuert wie die *non-verbalen* Signale und vom Gegenüber auf dieselbe Weise aufgenommen. Sie sind Äußerungen des *Körpergedächtnisses*, das ein Teil des eigenständigen emotionalen Gedächtnisses ist. Diese körperlich-vegetativen Signale können auch dann weiterbestehen, wenn der Betroffene berichtet, es gehe ihm schon wieder ganz gut. Von seinen »verräterischen« körperlich-vegetativen Signalen merkt er selbst meist gar nichts.

Ein dritter Zugang zum Unbewussten des Patienten ergibt sich über dessen Verhalten. Bei jeglichem Verhalten hat das Zusammenwirken der im dorsalen Striatum lokalisierten Verhaltensdispositionen und der bewertenden subkortikalen Zentren (Amygdala, Nucleus accumbens, VTA usw.) das letzte Wort darüber, ob dasjenige, was bewusst geplant wurde, auch jetzt und so wie geplant stattfinden soll. Dies ist der eigentliche »Zensor« des Unbewussten, der über unser Verhalten wacht. Seit der Antike wird geraten, bei der Beurteilung eines Menschen weniger auf das zu achten, was er sagt, sondern was er tut. Diese alte Weisheit kann aus neurobiologischer Sicht voll bestätigt werden, denn das, was wir tun, entspricht ebenso wie die *para-* und *non-verbalen* Signale und körperlichen Reaktionen viel eher den unbewussten Antrieben als das, was wir sagen.

Allerdings muss bei aller »Ehrlichkeit« des Tuns akzeptiert werden, dass auch das Verhalten eines Menschen oft schwer zu deuten ist. Wir können zwar feststellen, dass jemand etwas Anderes tut, als er vorher verkündet hat (und nachher berichtet), aber wir können oft nicht genau sagen, warum er sich anders verhält. Die Deutung des Verhaltens ist genauso schwer wie die Deutung *non-verbaler* Kommunikation, und deshalb sind Aussagen des Therapeuten über Inhalte des Unbewussten beim Patienten immer Hypothesen.

Zusammenfassung und Praxisrelevanz

Ich habe dargestellt, dass das psychische Unbewusste aus neurobiologischer Sicht Prozesse in subkortikalen Strukturen (Hypothalamus, Amygdala, Nucleus accumbens, Thalamus, Striatum, VTA usw.) sowie in primären sensorischen und motorischen kortikalen Arealen umfasst. Inhalte dieses Unbewussten beruhen auf Netzwerken, die entweder genetisch fixiert (Reflexe, Instinkte), oder durch klassische und operante Konditionierung entstanden und durch vielfältige vorgeburtliche und nachgeburtliche Einflüsse geformt sind. Sie können prinzipiell nicht bewusst gemacht werden, denn sie enthalten weder Bilder noch Worte oder Gedanken und auch keine Gefühle im engeren Sinne.

Sofern sie Aktivitäten im Bewussten und Vorbewussten beeinflussen, vermischt sich dieser unbewusste Einfluss unauflöslich und in zugleich nicht klar identifizierbarer Weise mit Inhalten des assoziativen Cortex und des deklarativen Gedächtnisses. Dabei entstehen bestimmte Wahrnehmungen, Gefühle, Vorstellungen, Wünsche, Erinnerungen und Träume, die ihren konkreten Inhalten nach aus dem episodisch-autobiografischen Langzeitgedächtnis, also dem Vorbewussten stammen und im Arbeitsgedächtnis bewusst werden können. Die Inhalte des Unbewussten können aber unbewusst bleiben, entweder weil sie zu schwach oder zu kurz sind oder weil sie unter einer »Hemmung« stehen. Ich habe dies das »primäre Unbewusste« genannt. Als »sekundäres Unbewusstes« habe ich all das bezeichnet, was in den ersten zwei bis drei Lebensjahren bewusst erlebt wurde, aber nicht wieder bewusst gemacht werden kann, weil es noch nicht im eLZG verankert wurde (»infantile Amnesie«). Es beeinflusste das Bewusstsein ebenso wie das primäre Unbewusste.

Bewusste und vorbewusste Prozesse umfassen Aktivitäten des assoziativen Cortex. Hierzu gehört die Aktivität des Arbeitsgedächtnisses (Aktualbewusstsein) und des explizit-deklarativen Langzeitgedächtnisses mit dem autobiografischen Gedächtnis als Kern (Vorbewusstes). Aktualbewusstsein umfasst das, was gerade bewusst wahrgenommen bzw. erlebt, gedacht, vorgestellt, erinnert wird, Vorbewusstsein das, was gerade nicht bewusst ist, aber als Inhalt des eLZG zumindest im Prinzip bewusst (»erinnert«) werden kann. Vorbewusste Inhalte können allerdings so tief abgesunken sein, dass sie nicht mehr ohne Weiteres vom betroffenen Menschen selbst und nur indirekt in einer reflektierenden therapeutischen Beziehung oder durch prägnante Umwelteinflüsse erinnert werden können. Sie ähneln dann dem Unbewussten, sind aber aus neurobiologischer Sicht davon verschieden.

Die Einflüsse des Unbewussten auf bewusste und berichtbare Inhalte sind nicht verlässlich identifizierbar, sie lassen sich nur indirekt und immer nur hypothetisch über *para-verbale* und *nicht-verbale* kommunikative Signale (Sprachduktus, Mimik, Gestik, Intonation der Stimme), körperlich-vegetative Reaktionen und Verhalten erschließen. Daher ist die klassische Annahme Freuds und der historischen Psychoanalyse, eine erfolgreiche Therapie beruhe wesentlich auf dem »Bewusstmachen des Unbewussten«, nicht gerechtfertigt. Was ein Patient über seine Befindlichkeit, seine Erlebnisse und Träume erzählt, resultiert aus dem gegenwärtigen Zustand seines Bewusstseins und seines Vorbewussten und kann keine verlässliche Auskunft über die tatsächlichen Ursachen psychischen Leidens liefern. Dies wird in modernen Konzepten der Psychoanalyse auch zunehmend so gesehen.

Was heißt dies alles für die psychotherapeutische Praxis? Was für die Aufarbeitung der unbewussten Ursachen und der Vorgeschichte psychischen Leidens gilt, gilt auch für die therapeutische Intervention. Psychische Leiden manifestieren sich stets auf drei Ebenen der Psyche und des Gehirns, nämlich:

1) auf der Ebene der gegenwärtigen Befindlichkeit, der Erinnerungen und Vorstellungen *(explizit-deklarative Ebene)*,

2) auf der unbewussten Ebene des Körpers *(implizit-somatische Ebene)* und

3) auf der Ebene der unbewussten Verhaltenssteuerung *(implizit-prozedurale Ebene)*. Kurz gefasst erfordert dies Interventionen auf allen drei Ebenen (für Details s. Roth & Strüber, 2018).

Dabei gilt aufgrund zahlreicher neurowissenschaftlicher Untersuchungen (Übersicht in Roth & Strüber, 2018):

1) *Rein kognitive* und *rein analysierende* Maßnahmen sind wirkungslos, sie wirken nur in Verbindung mit emotionalen und bindungsbezogenen Interventionen und durch Überdecken negativer durch positive Erfahrungen und Vorstellungen;

2) *Reine verhaltensbezogene* Interventionen ohne emotionale Maßnahmen und ohne Berücksichtigung der Entstehungsgeschichte des Leidens sind nicht langfristig wirksam. Überdies gibt es keine Löschung unangepasster Verhaltensweisen, sondern nur ein *Überlernen* mit der dauernden Gefahr des Rückfalls;

3) Negative körperliche Symptome können persistieren, auch wenn sich die Befindlichkeit und das Verhalten verbessert haben. Deshalb muss ihnen mehr als bisher in der Psychotherapie Beachtung geschenkt werden. Die Psychotherapie-Wirkungsforschung zeigt auch auf, dass der bei Weitem wirksamste Behandlungseffekt von der »therapeutischen Allianz«, d. h. dem Vertrauensverhältnis zwischen Patient und Therapeut und ihrem Glauben an die gewählte Form der Intervention ausgeht (Wampold, 2001).

Danksagung

Für eine kritische Durchsicht danke ich Frau Dr. Nicole Strüber und Herrn Dr. Haslinger.

Literatur

Adolphs, R. (1999). Social cognition and the human Brain. *Trends in Cognitive Sciences, 3*, 469–479.

Birbaumer, N. & Schmidt, R. F. (2010). *Biologische Psychologie*. Heidelberg et al.: Springer.

Bocchio, M., Nabavi, S. & Capogna, M. (2017). Synaptic Plasticity, engrams, and network oscillations in amygdala circuits for storage and retrieval of emotional memories. *Neuron, 94*, 731–743.

Buchheim, A., Viviani, R., Kessler, H., Kächele, H., Cierpka, M., Roth, G. & Taubner, S. (2012). Changes in prefrontal-limbic function in major depression after 15 months of long-term psychotherapy. *PloS One, 7*(3), e33745.

Christophel, T.B., Klink, P.C., Spitzer, B., Roelfsema, P.R. & Haynes, J.-D. (2017). The distributed nature of working memory. *Trends in Cognitive Sciences, 21,* 111–124.

Ekman, P. (2004). *Gefühle lesen. Wie Sie Emotionen erkennen und richtig interpretieren.* Heidelberg: Spektrum Akademischer Verlag.

Fendt, M. & Fanselow, M.S. (1999). The neuroanatomical and neurochemical basis of conditioned fear. *Neuroscience & Biobehavioral Reviews, 23,* 743–760.

Freud, S. (1900/2000). *Die Traumdeutung.* Studienausgabe Band 2. Frankfurt/M.: S. Fischer.

Freud, S. (1915/2015). *Das Unbewusste.* Reclams Universalbibliothek Nr. 18955. Stuttgart: Reclam.

Freud, S. (1933/2000). *Neue Folge der Vorlesungen zur Einführung in die Psychoanalyse.* Studienausgabe Band 1. Frankfurt/M.: S. Fischer.

Grawe, K. (2004). *Neuropsychotherapie.* Göttingen: Hogrefe.

Karnath, H.O. & Thier, P. (2012). *Kognitive Neurowissenschaften.* Berlin-Heidelberg: Springer.

Kolb, B. & Wishaw, I.Q. (1993). *Neuropsychologie.* Heidelberg: Spektrum.

LeDoux, J.E. (1998). *Das Netz der Gefühle. Wie Emotionen entstehen.* München, Wien: Carl Hauser Verlag.

LeDoux, J.E. (2000). Emotion circuits in the brain. *Annual Review of Neuroscience, 23,* 155–184.

LeDoux, J.E. (2017): Semantics, Surplus Meaning, and the Science of Fear. *Trends in Cognitive Science, 21,* 303–306.

Li, J., Schiller, D., Schoenbaum, G. Phelps, E.A. & Daw, N.D. (2011). Differential roles of human striatum and amygdala in associative learning. *Nature Neuroscience, 14,* 1250–1252.

Loftus, E.F. & Pickerell, J.E. (1995). The formation of false memories. *Psychiatric Annals, 25,* 720–725.

Murray, E.A., O'Doherty, J.P. & Schoenbaum, G. (2007). What we know and do not know about the functions of the orbitofrontal cortex after 20 years of cross-species studies. *Journal of Neuroscience, 27,* 8166–8169.

Myers, D. (2015). *Psychologie.* Heidelberg: Springer.

Paz, R. & Paré, D. (2013). Physiological basis for emotional modulation of memory circuits by the amygdala. *Current Opinion in Neurobiology, 23,* 381–386.

Pessoa, L. & Adolphs, R. (2010). Emotion processing and the amygdala: from a ›low road‹ to ›many roads‹ of evaluating biological significance. *Nature Reviews Neuroscience, 11,* 773–782.

Roth, G. (2010). *Wie einzigartig ist der Mensch? Die lange Evolution der Gehirne und des Geistes*. Heidelberg et al.: Spektrum-Springer.

Roth, G. & Ryba, A. (2016). *Coaching, Beratung und Gehirn. Neurobiologische Grundlagen wirksamer Veränderungskonzepte*. Stuttgart: Klett-Cotta.

Roth, G. & Strüber, N. (2018). *Wie das Gehirn die Seele macht*. Überarbeitete und erweiterte Auflage. Stuttgart: Klett-Cotta.

Rudolf, G. (2012). *Strukturbezogene Psychotherapie. Leitfaden zur psychodynamischen Therapie struktureller Störungen*. Stuttgart: Schattauer.

Schultz, W. (2007). Behavioral dopamine signals. *Trends in Neurosciences, 30*, 203–210.

Strüber, N. (2016). *Die erste Bindung*. Stuttgart: Klett-Cotta.

Wampold, B. E. (2001). *The great psychotherapy debate: Models, methods, and findings*. New York: Lawrence Erlbaum.

Wegener, D. (2002). The Illusion of Conscious Will. Cambridge Mass., London: Bradford Books (The MIT Press).

Wiswede, D., Taubner, S., Buchheim, A., Münte, T. F., Stasch, M., Cierpka, M., Kächele, H., Roth, G., Erhard, P. & Kessler, H. (2014). Tracking functional brain changes in patients with depression under psychodynamic psychotherapy using individualized stimuli. *PLoS ONE, 9*, 1–7.

Der Autor

Gerhard Roth, Prof. Dr., ist Professor für Verhaltensphysiologie und Entwicklungsneurobiologie am Institut für Hirnforschung der Universität Bremen und Geschäftsführer der Roth GmbH – Applied Neuroscience. 2011 wurde ihm das Bundesverdienstkreuz erster Klasse verliehen.

Psychiatrie – die Kunst mit dem Irrationalen und Impliziten umzugehen

Andreas Heinz

Einleitung

Psychische Erkrankungen werden oft als das »ganz Andere« der Medizin gesehen. Wo sonst objektivierbare Korrelate, wie Pulszählungen oder Fiebermessungen, Leberwerterhöhungen oder bildgebend darstellbare Gewebeveränderungen die Diagnose leiten, wird im Bereich der psychischen Erkrankungen von einer mehr oder weniger rigide vorgegebenen Norm vermeintlich vernünftigen Verhaltens ausgegangen, von dem die Kranken unterschiedlich stark abweichen sollen. Die Geschichte dieser Normierungen und die damit verbundenen Normalisierungsversuche hat beispielsweise Michel Foucault (1973) in *Wahnsinn und Gesellschaft* dargelegt. Bei kategorialen Gegenüberstellungen psychischer und somatischer Erkrankungen wird aber häufig vergessen, dass es im Bereich der psychischen Erkrankungen durchaus Krankheitsbilder mit relevanten organischen Befunden gibt: Von der Alzheimer-Demenz mit diagnoseleitenden Markern im Liquor bis hin zur alkoholbedingten Hirnatrophie, von EEG-Veränderungen beim Delir bis hin zu dopaminergen Korrelaten psychotischer Erfahrungen (Heinz, 2017). Nicht alle diese hirnorganischen oder sonstigen biologischen Korrelate sind aber diagnoseweisend – zu stark ist oft der Überlappungsbereich mit den Variationen bei nicht-erkrankten Personen, zumindest jenseits der Demenz- und Suchterkrankungen. Geht es also doch um eine Normsetzung und eine daraus folgende Normierung vermeintlich vernünftigen Verhaltens und seiner Abweichungen? Aber wie könnte man dann damit umgehen, dass sich im Alltagsleben aller Menschen Rationales und Irrationales, Begründbares und Unergründbares, ja sogar deutliche Fehler beim logischen Schlussfolgern finden, die keineswegs für bestimmte psychische Erkrankungen typisch sind (Chapman & Chapman, 1973)?

Um sich dieser Frage zu nähern, sollen die folgenden Überlegungen in sieben Schritten ablaufen. Beginnend mit einer Geschichte der Gegenübertragungen, der Projektionen vermeintlich »primitiven« oder irrationalen Verhaltens auf Frauen und Kinder, Minderheiten und psychisch Kranke, wird das Fortleben dieser Paradigmen auch in der Zeit heutiger etablierter Krankheitsmodelle diskutiert und es werden ethnologische Gegenbewegungen und alternative Ansätze vorgestellt, die sich auf Traditionen der Phänomenologie und der Philosophischen Anthropologie berufen. Anschließend wird ihre Vereinbarkeit mit aktuellen Ansätzen in den computationalen Neurowissenschaften diskutiert und es wird erörtert, welchen Stellenwert in diesen Ansätzen psychosoziale Faktoren haben und welche psychotherapeutischen Konsequenzen sich aus ihnen ziehen lassen.

Geschichte der Gegenübertragungen

Kraepelin trennte 1896 schizophrene Psychosen, die er damals mit dem herabwürdigenden Begriff der »vorzeitigen Verblödung« (Dementia praecox) bezeichnete, von den zyklisch ablaufenden Manien und Depressionen im Sinne schwerer affektiver Erkrankungen ab. Da Kraepelin davon ausging, dass es sich um eigenständige Erkrankungen handle, denen ein spezifisches organisches Korrelat zugrunde liegt, nahm er ursprünglich an, dass sich diese Erkrankungen weltweit in den unterschiedlichsten Populationen und Bevölkerungen nachweisen lassen müssen, auch wenn diese Menschen unter »ganz anderen« bzw. »einfacheren und natürlicheren« Bedingungen leben (Kraepelin, 1913). Gegen Ende seiner theoretischen Entwicklung im Jahre 1920 betonte Kraepelin dagegen, dass die »krankhaften Seelen« sich an die »Erscheinungsformen des unentwickelten Seelenlebens« annähern würden und damit an eine »niedrigere Stufe« der menschlichen Entwicklung. Was war geschehen?

Kraepelin übernahm damit das Degenerationsmodell Morels (1857), das keine kategoriale Trennung unterschiedlicher Krankheitsbilder annimmt, sondern postuliert, dass über mehrere Generationen hinweg immer schwerere, andersartig aussehende Erkrankungen auseinander hervorgehen. Die Degeneration bewirkt also einen Abfall von der vermeintlich von Gott geschaffenen Perfektion gesunder Menschen und führt in den jeweils nächsten Generationen zu Nervosität, Neurosen und schweren Geisteserkrankungen, um schließlich in Formen des »Schwachsinns« sowie ausgeprägten Missbildungen zu enden. Schon früh waren derartige Degenerationstheorien verbunden mit rassistischen Annahmen über eine Rangfolge der vermeintlich kategorisch unterteilbaren »Menschenrassen«: So ging der deutsche Anthropologe Blumenbach davon aus, dass die ursprünglich perfekte Menschheit bei den »Kaukasiern« weniger degeneriert sei als bei den »Mongoloiden« und den »Äthiopiern«, die er zwar immerhin nicht bezüglich ihres »Wertes«, jedoch bezüglich ihrer vermeintlichen Schönheit bzw. Hässlichkeit als unterschiedlich stark degeneriert verortete (vgl. Heinz & Kluge, 2011).

Mit dem von Darwin und anderen vertretenen Konzept der Evolution kehrte sich in der zweiten Hälfte des 19. Jahrhunderts allerdings die vermutete Entwicklungsrichtung zum modernen Menschen um: Nicht aus einer vermeintlich von Gott geschaffenen Perfektion degenerierten die Menschen unterschiedlich stark, vielmehr entwickelten sie sich im Rahmen einer Evolution zu immer höheren Formen. Es mag nicht überraschen, dass wiederum die in Europa lebenden Populationen, die damals im Zeitalter des Imperialismus und Kolonialismus fast alle Staaten und Völker der Welt unterwarfen, sich selbst wieder an der obersten Stufe verorteten (Heinz, 1998). Dem Konzept der Degeneration wurde dennoch im Rahmen der medizinischen Theoriebildung weiterhin ein prominenter Platz eingeräumt: Sie erklärt jetzt die vermeintlich krankheitsbedingte Umkehr dieser Evolution, bei der laut dem sehr einflussreichen britischen Neurologen und Psychiater J. Hughlings Jackson (1884) psychische sowie neurologische Erkrankungen immer zuerst die komplexesten und evolutionär jüngsten Hirnzentren angreifen, zu denen der frontale Cortex gezählt wurde, wodurch es zu einem Ausfall der höchsten Kontrollzentren komme, der dem Verlust der »englischen Regierung« vergleichbar sei. Die Enthemmung des nächst »primitiveren« Hirnzentrums verglich dann Jackson mit der »Anarchie« des »enthemmten« Volkes.

Neuronal verortet oder funktional verstanden hatten solche evolutionär imaginierten Hierarchien einen kaum zu überschätzenden Einfluss in der Konzeption psychischer Erkrankungen. Sie strukturierten die Thesen Freuds zum magischen Denken und zur »Regression« bei psychischen Erkrankungen (Freud, 1913) und sind auch heute präsent in neurobiologischen Konzeptionen einer verminderten Kontrolle des präfrontalen Cortex über die dopaminerge Neurotransmission im Striatum, die das einflussreiche Schizophrenie-Modell von Daniel R. Weinberger (1987) kennzeichnet. Aufgrund der Gleichsetzung von individueller und stammesgeschichtlicher Entwicklung (Ontogenese und Phylogenese) ging man zudem davon aus, dass auch die in Europa geborenen Kinder zuerst als eine Art »kleine Wilde« auf die Welt kommen, den von Foucault und anderen hinlänglich beschriebenen Disziplinierungspraxen zu unterwerfen seien (Foucault, 2008) und es nur so zur rationalen Weltbeherrschung des modernen Menschen, der in der Regel als Mann verstanden wurde, bringen können (Heinz, 2002). Umgekehrt erfolgt dann die je nach Autor sogenannte »Degeneration«, »Regression« oder »Dissolution« jeweils von einem höheren auf ein vermeintlich primitiveres individuelles wie stammesgeschichtlich imaginiertes Funktionsniveau, das je nach Vorliebe des jeweiligen Autors mit dem Erleben der Psychosekranken, der Kinder und Frauen, »des

Negers« (so bei Bleuler, 1911) oder dem formelhaften Reagieren von »Wildtieren« (Heinrich, 1984) verglichen wurde.

Was in den psychiatrischen, psychoanalytischen und neurobiologischen Thesen in aller Regel allerdings nicht erwähnt wurde, war der koloniale Kontext, in dem sich die entsprechenden Theorien manifestierten. Bleuler (1911) veröffentlichte seine rassistischen Spekulationen über »den Neger« nur wenige Jahre nach der gewaltsamen Niederschlagung des Aufstands der Nama und Herero in der damaligen Kolonie Deutsch-Südwestafrika. Diese Kolonie war ursprünglich von Ernst Heinrich Göring als erstem kaiserlichem Kommissar administriert worden, seines Zeichens der Vater von Hermann Göring, der sich nach 1933 speziell für die Zwangssterilisation der Kinder afrikanisch stämmiger Besatzungssoldaten mit deutschen Frauen im Rheinland einsetzte. Er lieferte damit diese ja entsprechend der Konstruktionen Bleulers (1911) vermeintlich auf einer mit den schizophrenen Patienten vergleichbaren »primitiven« Stufe stehenden Kinder demselben inhumanen Gewaltzugriff aus, der auch die Zwangssterilisation psychisch kranker Menschen kennzeichnete. Die Zwangssterilisation in der Zeit des Nationalsozialismus wurde auch von »Rasseforschern« wie Eugen Fischer betrieben, der sich nach Deutsch-Südwestafrika begeben und seine dort konstruierten Thesen bereits in der Weimarer Republik als sogenannte »Rassenhygiene« ausformuliert hatte. Auch das Konzept der Konzentrationslager fand bereits in Deutsch-Südwestafrika Anwendung, nachdem es zuvor von den Briten gegen den Burenaufstand in Südafrika eingesetzt worden war. Insgesamt fielen dem Völkermord in Deutsch-Südwestafrika bis zu 65.000 Herero und etwa 10.000 Nama zum Opfer (Erichsen & Olusoga, 2010).

Etablierte Krankheitsmodelle

Während der koloniale Kontext der Artikulation hierarchischer Hirnmodelle weitgehend vergessen worden ist, hat das Konzept selbst fast unhinterfragt bis ins 21. Jahrhundert überlebt. Betrachten wir die wesentlichen Annahmen zur Entstehung einer schizophrenen Psychose, so wird in der Regel davon ausgegangen, dass eine Störung der Informationsverarbeitung im präfrontalen Cortex sekundär zu einer Enthemmung der subkortikalen dopaminergen Neurotransmission führt. Ganz im Geiste Jacksons wird dabei postuliert, dass der Ausfall der Funktionen des frontalen Cortex mit der Negativsymptomatik und insbesondere kognitiven Störungen verbunden ist, während die enthemmte dopaminerge Neurotransmission zu Positivsymptomen wie Wahnbildungen, akustischen Halluzinationen oder Ich-Störungen beitragen soll (Weinberger, 1987; vgl. Heinz, 2017). Ein ganz ähnliches Modell kennzeichnet die Annahmen zu Suchterkrankungen: Wiederum soll der präfrontale Cortex in seiner exekutiven Kontrollfunktion beeinträchtigt sein, diesmal entweder aufgrund genetischer Faktoren oder wegen den toxischen Wirkungen des Drogenkonsums, und ebenfalls komme es zu einer verstärkten dopaminergen Neurotransmission, die im Rahmen des Drogenkonsums zu einem überstarken Verlangen nach der Droge führen soll (Hyman, 2005; vgl. Heinz, 2017). In ähnlicher Form werden beispielsweise die Aufmerksamkeitsdefizit-Hyperaktivitäts-Störung (ADHD) und Zwangsstörungen konzeptualisiert, wiederum wird in aller Regel davon ausgegangen, dass es zu Funktionsstörungen des frontalen Cortex kommt und sekundär zu einer Enthemmung subkortikaler Hirnregionen unter Beteiligung einer Störung der dopaminergen Neurotransmission. Eine gewisse Ausnahme bildet allenfalls die Konzeptualisierung affektiver Erkrankungen, bei denen beispielsweise Drevets (2000) zwar wiederum von einer Funktionsstörung des frontalen Cortex ausgehen, es aber nicht zu einer Enthemmung der dopaminergen Neurotransmission, sondern zu einer Störung der serotonergen Beeinflussung limbischer Regionen wie der Amygdala kommen soll. Was sich hinter diesen evolutionär verkleideten Theorien verbirgt, ist offenbar ein tradiertes Verständnis einer höheren oder gar »göttlichen« Rationalität, die über die vermeintlich niederen »teuflischen« Triebe die Kontrolle verloren habe. Während sich solche Projektionen sozialer Hierarchien auf das Gehirn bis heute in der Mehrzahl unserer Krankheitskonzepte nachweisen lassen, kam es dennoch gerade im Bereich der Ethnologie, Anthropologie und Phänomenologie zu Gegenbewegungen, die die vermeintlich »natürliche« Dominanz hierarchischer Modelle infrage stellten.

Ethnologische Gegenbewegungen

Eine ganz wesentliche Rolle bei der Gestaltung alternativer Paradigmen, die nicht auf eine simple Projektion sozialer Herrschaftsbedingungen auf das Gehirn hinauslaufen, spielte die Ethnologie in der ersten Hälfte des 20. Jahrhunderts. Wesentlich dafür war die Zurückweisung der These, dass die kolonialisierten Völker durch ein evolutionär »primitives«, irrationales Denken gekennzeichnet seien, das sich kategorial von dem Denkstil »moderner« Völker in den westlichen Industriestaaten unterscheide. So beschreib der Ethnologe Malinowski (Heinz & Kluge, 2011), dass vermeintlich »primitive« Populationen wie die Bewohner Melanesiens, bei denen er sich im Ersten Weltkrieg unfreiwillig längere Zeit aufhielt, durchaus in der Lage seien, zielgerichtet zu denken und sich nicht etwa sinnlos und unkontrolliert irrationalen magischen Praktiken anvertrauen würden. Solche Praktiken würden vielmehr nur dann eingesetzt werden, wenn sie selbst eine Funktion erfüllen: Fischen beispielsweise die Bewohner der Trobriand-Inseln in der Lagune, dann werden keinerlei magische Praktiken angewendet, da das Risiko, zu kentern und zu ertrinken ebenso gering ist wie die Chance, einen besonders großen Fisch zu fangen. Wird das Fischen dagegen außerhalb der Lagune auf hoher See durchgeführt, steigen die Risiken des Kenterns und Ertrinkens ebenso wie die Chancen, einen besonders guten Fang zu machen; nur in dieser Situation werden zur Beruhigung und Stärkung des Selbstvertrauens magische Praktiken angewendet. Magie erfüllt also eine rational nachvollziehbare, praktische Funktion. Einen Schritt weiter ging Evans-Pritchard, der die vermeintlich koloniale Schranke zwischen als »primitiv« verkannten Völkern und ihm selbst als kolonialem Repräsentanten der angeblich europäischen »Rationalität« durchbrach und schilderte, dass er sich selbst in den Gebrauch von Orakeln und anderen magischen Praktiken im Sudan nicht nur hineindenken konnte, sondern diese auch selbst in seinem Alltag erfolgreich anwendete (vgl. Heinz & Kluge, 2011). Die entscheidende Dekonstruktion der Thesen vom vermeintlich »primitiven« Denken kolonialisierter Völker geht auf Lévi-Strauss (1968) zurück, der beschrieb, dass die Weltbilder der von ihm untersuchten Völkerschaften hochkomplex strukturiert und durch den Vergleich von Differenzen erklärbar sind. So gingen derartige Weltbilder eben gerade nicht davon aus, dass unterschiedliche Dinge und Ereignisse in der Welt auf magische Weise ununterscheidbar miteinander verknüpft oder verschmolzen wären. Vielmehr werde der Unterschied zwischen Jahreszeiten (beispielsweise zwischen Sommer und Winter) mit dem Unterschied zwischen Tierarten (beispielsweise zwischen bestimmten Vögeln oder Fischen im Meer) und dem Unterschied zwischen bestimmten Clans (beispielsweise solchen, die an Land, versus solchen, die am Wasser leben) verglichen. In einem solchen komplexen Weltbild ergeben sich die strukturierenden Beziehungen zwischen diesen Gegensatzpaaren nicht aufgrund irrationaler Gleichmacherei, sondern im Rahmen eines Verständnisses der Vergleichbarkeit von Differenzen, wie es auch bei der linguistischen Beschreibung von Sprachen zur Anwendung kommt (Lévi-Strauss, 1968; vgl. Heinz, 2002a): So wie sich Sprachen durch vergleichbare Unterschiede zwischen Lauten und Konsonanten (d/t zu g/k etc.) verstehen und strukturieren lassen, so lassen sich kulturelle Zusammenhänge als komplexe Systeme von Unterschieden verstehen. Und so wie alle Populationen und Völker dieser Welt Sprachen ausgebildet haben, sind auch alle diese Bevölkerungsgruppen in der Lage, komplexe kulturelle Systeme zu konstruieren. An die Stelle einer Hierarchisierung der kolonialisierten und kolonialisierenden Völker tritt so die Gemeinsamkeit der Sprache und die Vielfalt unterschiedlicher Sprach- und Kulturgestaltungen, deren Strukturen miteinander verglichen und kontrastiert werden können.

Phänomenologie und Philosophische Anthropologie

Auch innerhalb der Psychiatrie und Psychotherapie gab es Gegenbewegungen, die eine vermeintliche »Degeneration«, »Dissolution« oder »Regression« psychisch kranker Personen auf ein »primitives« Entwicklungsniveau infrage stellte und insbesondere deren Gleichsetzung mit den Erfahrungswelten sogenannter Naturvölker ablehnte. So kritisierte beispielsweise Storch in seiner Schrift zur »Welt der beginnenden Schizophrenie« (1930) sowie in seiner Arbeit zur »Psychogenese und Psychotherapie der Schizophrenie« (1965), dass die sogenannte Existenzumwandlung der Schizophrenen als »Regression« unzureichend erklärbar sei. Solche Modelle würden im »Biologismus der Zeit« wurzeln und übersehen, dass es fundamentale Unterschiede zwischen dem »In-der-Welt-Sein« der »Schizophrenen« und »Primitiven« gäbe. Während die Naturvölker gemeinschaftlich geteilte Formen ihres (von Storch allerdings nach wie vor als prae-logisch klassifizierten) Denkens zeigen würden, seien schizophrene Psychosen durch die sozial isolierende Entfremdung ihrer »veränderten Leiblichkeit« charakterisiert. Die psychotischen Erfahrungen könnten bei schizophrenen Patienten in »archetypischen Urbildern« zum Ausdruck kommen. Statt dies als vermeintlich »primitive« Erlebnisse abzuwerten, sah Storch hier die Möglichkeit, diese bildhaften Geschehnisse therapeutisch zu nutzen.

Solche »daseinsanalytischen« Ansätze, die an der Phänomenologie sowie an Heideggers Verständnis des »In-der-Welt-Seins« orientiert waren, wurden von einer Vielzahl von Psychotherapeuten zu Beginn der zweiten Hälfte des 20. Jahrhunderts artikuliert, wobei die Resultate oftmals hinter den Erwartungen zurückblieben, insbesondere da die sozialen Umstände der Beziehungen zwischen den Therapeuten und Patienten allzu oft vernachlässigt wurden (Heinz, 2002a).

Eine Ausnahme bildet die Interaktion von Kurt Schneider mit Karl Jaspers sowie mit seinem philosophischen Doktorvater Max Scheler. Scheler (1930) ging dabei ebenso wie Helmuth Plessner (1975) im Rahmen seiner Philosophischen Anthropologie davon aus, dass Lebewesen und damit auch die Menschen immer im Zentrum ihres Umweltbezugs stehen, was Plessner als »zentrische Positionalität« bezeichnete. Menschen waren nun für Scheler durch ein zusätzliches Moment des »Geistigen« gekennzeichnet, welches sie von allen anderen Lebewesen unterscheiden solle. Demgegenüber erklärte Plessner (1975) die besondere Fähigkeit der Menschen, sich aus ihrer jeweiligen leib-zentrierten Perspektivierung zu ex-zentrieren und damit eine die individuelle Umwelt überschreitende Weltoffenheit zu konstituieren, die auch die Standpunkte anderer Personen einbeziehe, explizit im Rahmen der natürlichen Entwicklung von Grenzen und Grenzüberschreitungen bei pflanzlichen, tierischen und menschlichen Lebensformen. Menschen stehen laut Plessner immer im Zentrum des Geschehens und agieren aus ihrem Leib heraus in ihre unmittelbare Umwelt und übersteigen doch gleichzeitig immer auch ihren eigenen Standpunkt, sodass sie aus der exzentrischen Position heraus die Perspektiven anderer Personen einnehmen und eine gemeinsame Welt konstituieren können.

Aus dieser besonderen Situation der Menschen ergibt sich laut Plessner aber auch die Gefahr des Oszillierens und damit der Spaltung zwischen der für den Menschen charakteristischen zentrischen und exzentrischen Positionalität. Im Hinblick auf Leitsymptome psychotischen Erlebens könnte man argumentieren, dass im wahnhaften Verfolgungserleben die Fähigkeit zum Überstieg und zur Einnahme der Sichtweisen und Perspektiven anderer beeinträchtigt ist, sodass sich die bedrohte Person im

Zentrum des Geschehens wiederfindet, während sich umgekehrt die betroffene Person bei Ich-Störungen oder dem Hören der eigenen Gedanken als fremde »Stimmen« in der exzentrischen Position verliert und den Bezug zum eigenen Leib und dessen Standort in der Welt zumindest teilweise einbüßt (Heinz, 2014). Psychotische Erfahrungen wären in diesem Sinn also »zutiefst menschlich«, da sie sich erst aus der besonderen und komplexen Positionalität menschlicher Erfahrung ergeben. Solche philosophisch-anthropologischen Überlegungen können auch Hinweise für die Interpretation moderner neurowissenschaftlicher Befunde zu psychotischen Erfahrungen geben.

Computationale Neurowissenschaften

Seit Wolfram Schultz et al. (1997) beschrieben, dass ein kurzzeitiger (»phasischer«) Anstieg der dopaminergen Neurotransmission einen Fehler in der Vorhersage wichtiger Ereignisse encodiert, hat eine Vielzahl von Untersuchungen versucht, eine Steigerung der dopaminergen Transmission (insbesondere der phasischen Dopaminfreisetzung) mit psychotischen Erfahrungen in Verbindung zu bringen (Heinz, 2002b; Kapur, 2003). Richtungsweisend wurde hier der Befund, dass nicht nur überraschend eintreffende Belohnungen, die besser als erwartet sind, zu einem Anstieg der Dopamin-Freisetzung führen, sondern dass dies auch durch konditionierte Reize ausgelöst werden kann. Wenn also beispielsweise ein konditionierter Reiz in einem festen zeitlichen Verhältnis zu einer später eintreffenden Belohnung steht, wird bereits die überraschende Präsentation eines solchen belohnungs-assoziierten konditionierten Stimulus zur plötzlichen Dopamin-Freisetzung führen (Schultz et al., 1997; vgl. Knutson et al., 2001). Eine stressabhängige oder aus anderen Gründen chaotische Erhöhung der dopaminergen Neurotransmission kann dann aber solche dopamin-abhängigen Signale im »Rauschen« der allgemein erhöhten Dopaminfreisetzung in der

Psychose untergehen lassen. Dazu passend beobachteten Juckel et al. (2006), dass Reize, die einen möglichen monetären Gewinn anzeigen, bei akut psychotischen und unmedizierten Patienten eine verminderte funktionelle Aktivierung auslösten. Diese Aktivierung war im sogenannten »Belohnungssystem« vermindert, dem sogenannten ventralen Striatum, und damit einer wichtigen Zielregion der dopaminergen Innervation. Reagieren die betroffenen Personen somit vermindert auf Reize, die übliche soziale Belohnungen vorhersagen (hier möglichen Geldgewinn), so ist es wenig verwunderlich, dass die verminderte funktionelle Aktivierung des sogenannten Belohnungssystems mit dem verstärkten Auftreten sogenannter »Negativsymptome« verbunden ist, die sich als Motivationsverlust (»Apathie«) oder verminderte Freude beim Eintreffen einer Belohnung (»Anhedonie«) zeigen.

Ein verstärktes »Rauschen« der neuralen Informationsverarbeitung, in diesem Fall bei der Verarbeitung visueller Reize, konnten auch Schmack et al. (2013) beobachten, wobei zusätzlich eine Interaktion des präfrontalen Cortex mit den visuellen Verarbeitungszentren gemessen werden konnte. Diese war aber nicht, wie es hierarchische Hirnmodelle erwarten lassen würden, mit irgendeiner Form verstärkt »rationalen« Verhaltens verbunden – ganz im Gegenteil, je stärker die Interaktion zwischen dem frontalen Cortex und den visuellen Zentren stattfand, desto höher war die Neigung der betroffenen Personen, visuelle Informationen aufgrund falscher Vorannahmen einseitig zu verzerren sowie generell mit wahnhaften (paranoiden) Erklärungsmustern auf komplexe Zusammenhänge in ihrer Umwelt zu reagieren (Schmack et al., 2013).

Wollte man solche Befunde in die hierarchischen Hirnmodelle von Jackson (1884) übersetzen, so müsste man sagen, dass die »Regierung« (die Jackson ja bekanntlich mit dem frontalen Cortex gleichsetzte) »paranoid« werden kann, während das sogenannte »Volk« (das Jackson ja mit hierarchisch untergeordneten Hirnzentren in Verbindung brachte, zu denen auch das Striatum gehört) »apathisch« werden kann. Auch wenn das Bild einer delirierenden Regierung und eines apathischen Volkes zeitgenössischen Erfahrungen vielleicht eher entspricht als die Idealisierung der Regierung durch Jackson zu Ende des 19. Jahrhunderts, zeigen diese hier zugespitzt artikulierten Überlegungen, wie leicht Metaphern auch bei neurowissenschaftlichen Forschern zu »konkretistisch« fehlgedeutet und damit allzu wörtlich genommen werden können. Solche konkretistischen Fehldeutungen können eine politische Wirkmächtigkeit entfalten, die aus den neurowissenschaftlichen Befunden selbst in keiner Weise abgeleitet werden kann.

Psychosoziale Faktoren

Auch wenn minimale anthropologische Grundannahmen, beispielsweise orientiert an der Philosophischen Anthropologie von Scheler und Plessner, dabei helfen können, Kernsymptome psychotischen Erlebens wie Ich-Störungen, Halluzinationen und das wahnhafte Verfolgungserleben verständlich zu machen, so reicht das Vorliegen einzelner Symptome keinesfalls aus, eine klinisch relevante psychische Erkrankung zu charakterisieren. So beschrieb ein Patient unserer Klinik, dass er Stimmen höre, bat aber diese unbedingt »in Ruhe zu lassen«: »Ich spekuliere an der Börse und diese Stimmen haben mir bisher immer die richtigen Tipps gegeben!« Krankheitswertig sind Leitsymptome psychischer Erkrankungen nur dann, wenn sie einerseits plausibel als Störung lebenswichtiger Funktionsfähigkeiten formuliert werden können, in diesem Fall der Zuschreibung eigener Gedanken und Handlungen zur eigenen Person, und wenn sie andererseits entweder mit individuellem Leid oder einer massiven Beeinträchtigung der sozialen Teilhabe verbunden sind (Heinz, 2014).

Soziale Teilhabe ist ein komplexes Konstrukt, das von den Aktivitäten des täglichen Lebens wie der Körperhygiene und Nahrungsaufnahme bis hin zur Möglichkeit der Teilnahme an politischen oder künstlerischen Aktivitäten reicht. Die Beeinträchtigung der sozialen Teilhabe ist aber nicht einfach nur ein Kennzeichen psychischer Erkrankungen, sie kann selbst kausal verursachend zur Erkrankung beitragen. In dieser Hinsicht gut belegbar sind die krankheitsrelevanten Folgen sozialer Ausschließung, die beispielsweise zu Störungen monoaminerger Neurotransmission, zu Veränderungen der Reizverarbeitung limbischer Areale und – auf psychischer Ebene – zu Ängsten oder Aggressionsneigung führen können (Heinz, 2017). Nachvollziehbar wird dies beispielsweise am Einfluss sozialer Ausschließung und rassistischer Diskriminierung, der sich in den gehäuften Manifestationen psychotischer Erkrankungen bei Personen zeigt, die als sichtbare Minderheit in europäischen Städten leben und in ihrer Nachbarschaft nur wenige Personen vorfinden, die in einer ähnlichen Situation sind und ihnen im Zweifelsfall helfen könnten (Boydell et al., 2001; Veling et al., 2008). Auch Forschungen aus unserer Klinik zeigten, dass beispielsweise die Armut in der Nachbarschaft über individuelle Faktoren wie das Einkommen oder den Bildungsgrad hinaus einen substanziellen Beitrag zu psychischen Leidenszuständen und Störungen leisten (Rapp et al., 2015). Diese Effekte waren für Menschen mit Migrationshintergrund noch einmal deutlicher ausgeprägt als für Personen derselben Nachbarschaft, die keinen Migrationshintergrund aufwiesen. Die Zugehörigkeit zu einer sozial isolierten oder diskriminierten Gruppe, die mit einem zu geringen Zugang zu Ressourcen und mit sozialen Ausschließungsprozessen konfrontiert ist, kann demnach zur Ausprägung psychischer Beschwerden beitragen (Gruebner et al., 2017).

Psychotherapeutische Konsequenzen

Aus dem Genannten ergeben sich mehrere Konsequenzen für die psychotherapeutischen Ansätze im Umgang mit psychotischem Erleben. Ein entscheidender Faktor ist das Bemühen, soziale Ausschließungs- und Diskriminierungsprozesse, die mit dem Stigma psychischer Erkrankung wie mit dem institutionellen Umgang mit den betroffenen Personen verbunden sein können, soweit wie möglich zu reduzieren. Dabei hilft die Aufnahme auf möglichst offenen Akutstationen, auf denen keine Gefühle des »Einge-sperrtseins« entstehen (Cibis et al., 2017). Auf die Inklusion psychisch Kranker zielt auch der Versuch, stationäre Behand-lungen durch stationsersetzende Interventionen mittels mobiler Teams in der Lebenswelt der Betroffenen zu ersetzen, und die Ausrichtung dieser Teams auf ein salutogenetisches Konzept mit Förderung der Ressourcen der betroffenen Personen und einer Orientierung auf »Recovery« statt auf krankheitsbeding-te Defizite (Mahler et al., 2014; Amering & Schmolke, 2012). Ein Ziel psychotherapeutischen Vorgehens ist die Überbrückung der pathologisch verstärkten Kluft zwischen der exzentrischen und zentrischen Position, die durch Traumatisierungen nach Ge-walterfahrungen oder sexuellen Übergriffen verstärkt sein kann, durch narrative Verarbeitung der Erfahrungen, das Aushalten der Ambivalenz, die viele Menschen mit psychotischen Erfah-rungen zeigen können, und durch körperbezogenes Handeln und kreative Gestaltung in Ergo-, Musik- und Kunsttherapi-en. Der Gebrauch von »Neologismen« ist dementsprechend als kreatives Ringen um Ausdruck psychotischer Personen zu verstehen, als Versuch einer Versprachlichung des »Verlusts der natürlichen Selbstverständlichkeit«, wie psychotisches Erleben von Blankenburg (1971) verstanden wurde. Die Psychothera-pie der Psychosen zielt auf die Förderung der Fähigkeit zum Überstieg, zum Perspektivenwechsel und zur aktiven Einnahme alternativer Sichtweisen, die die eigenen, mitunter tief erstarrten Weltdeutungsmuster in Bewegung bringen kann. Zu einer Flexi-bilisierung der Sichtweisen kann auch eine Auseinandersetzung mit kulturell geprägten Erklärungsmodellen »außergewöhnli-cher« Erfahrungen innerhalb und außerhalb europäischer Tra-ditionen beitragen, sofern diese nicht ihrerseits verabsolutiert werden. Wird psychotisches Erleben als Oszillation zwischen spezifisch menschlichen Erfahrungspolen verstanden, dann charakterisiert es Zugangsweisen zur Welterfahrung, die eben gerade nicht »primitiv«, »irrational« oder unverständlich sind, sondern als »Ringen um Selbstverständlichkeit« angesichts außergewöhnlicher Erlebnisse verstanden und anerkannt werden können (Bock & Heinz, 2016).

Literatur

Amering, M. & Schmolke, M. (2012). *Recovery – Das Ende der Unheilbarkeit*. Köln: Psychiatrie Verlag.

Bilz, R. (1971). *Paläoanthropologie, Band 1*. Frankfurt/M.: Suhrkamp.

Blankenburg, W. (1971). *Der Verlust der natürlichen Selbstverständlichkeit*. Stuttgart: Ferdinand Enke Verlag.

Bleuler, E. (1911). *Dementia praecox oder die Gruppe der Schizophrenien*. Leipzig: Deuticke.

Bock, T. & Heinz, A. (2016). *Psychosen – Ringen um Selbstverständlichkeit*. Köln: Psychiatrie Verlag.

Boydell, J., van Os, J., McKenzie, K., Allardyce, J., Goel, R., McCreadie, R. G. & Murray, R. M. (2001). Incidence of schizophrenia in ethnic minorities in London: ecological study into interactions with environment. *British Medical Journal, 323*, 1336–1338.

Chapman, L. J. & Chapman, J. P. (1973). *Disordered Thought in Schizophrenia*. Englewood Cliffs NJ: Prentice-Hall.

Cibis, M. L., Wackerhagen, C., Müller, S., Lang, U. E., Schmidt, Y. & Heinz, A. (2017). Comparison of Aggressive Behavior, Compulsory Medication and Absconding Behavior Between Open and Closed door Policy in an Acute Psychiatric Ward. *Psychiatrische Praxis, 44*, 141–147.

Drevets, W. C. (2000). Neuroimaging students of mood disorders. *Biological Psychiatry, 48*, 813–823.

Erichsen, C. W. & Olusoga, D. (2010). *The Kaiser's Holocaust: Germany's forgotten genocide and the colonial roots of Nazism*. London: Faber & Faber.

Freud, S. (1912-13a). *Totem und Tabu GW IX*.

Foucault, M. (1973). *Wahnsinn und Gesellschaft*. Frankfurt/M.: Suhrkamp.

Foucault, M. (2008). *Überwachen und Strafen. Die Geburt des Gefängnisses*. Frankfurt/M.: Suhrkamp.

Gruebner, O., Rapp, M., Adli, A., Kluge, U., Galea, S. & Heinz, A. (2017). Risiko für psychische Erkrankung in Städten. *Deutsches Ärzteblatt International, 114*, 121–128.

Heinrich, K. (1984). *Psychopathologie der Regression*. Stuttgart, New York: Schattauer.

Heinz, A. (1998). Colonial perspectives in the construction of the psychotic patient as primitive man. *Critique of Anthropology, 18*, 421–444.

Heinz, A. (2002a). *Anthropologische und evolutionäre Modelle in der Schizophrenieforschung*. Berlin: VWB.

Heinz, A. (2002b). Dopaminergic dysfunction in alcoholism and schizophrenia – psychopathological and behavioral correlates. *European Psychiatry, 17*, 9–16.

Heinz, A. (2014). *Der Begriff der psychischen Krankheit*. Berlin: Suhrkamp.

Heinz, A. (2017). *A new understanding of mental disorders. Computational models for dimensional Psychiatry*. Cambridge MA: MIT Press.

Hyman, S. E. (2005). Addiction: A disease of learning and memory. *American Journal of Psychiatry, 162*, 1414–1422.

Jackson, J. H. (1884). *Die Croon-Vorlesungen über den Aufbau und Abbau des Nervensystems*. Berlin: Karger.

Juckel, G., Schlagenhauf, F., Koslowski, M., Wüstenberg, T., Villringer, A., Knutson, B., Wrase, J. & Heinz, A. (2006). Dysfunction of ventral striatal reward prediction in schizophrenia. *NeuroImage, 29*, 409–416.

Kapur, S. (2003). Psychosis as a state of aberrant salience: A framework linking biology, phenomenology, and pharmacology in schizophrenia. *American Journal of Psychiatry, 160*, 13–23.

Knutson, G., Adams, C. M., Fong, G. W. & Hommer, D. (2001). Anticipation of increasing monetary reward selectively recruits nucleus accumbens. *Journal of Neuroscience, 21*, RC159.

Kraepelin, E. (1896). *Psychiatrie: ein Lehrbuch für Studierende und Ärzte*. Leipzig: Barth.

Kraepelin, E. (1913). *Psychiatrie: ein Lehrbuch für Studierende und Ärzte, Band 3: Klinische Psychiatrie*. Leipzig: Barth.

Kraepelin, E. (1920). Die Erscheinungsformen des Irreseins. *Zeitschrift für die gesamte Neurologie und Psychiatrie, 62*, 1–29.

Lévi-Strauss, C. (1968). *Das Wilde Denken*. Frankfurt/M.: Suhrkamp.

Heinz, A. & Kluge, U. (2011). Ethnologische Ansätze in der transkulturellen Psychiatrie. In W. Machleidt & A. Heinz (Hrsg.), *Praxis der interkulturellen Psychiatrie und Psychotherapie* (S. 27–33). München: Elsevier.

Mahler, L., Jarchov-Jadi, I., Montag, C. & Gallinat, J. (2014). *Das Weddinger Modell: Resilienz- und Ressourcenorientierung im klinischen Kontext*. Köln: Psychiatrie Verlag.

Morel, B. A. (1857). *Traité des dégénérescences physiques, intellectuelles et morales de l'espèce humaine et des causes qui produisent ces variétés maladives*. Paris: J. B. Baillière.

Plessner, H. (1975). *Die Stufen des Organischen und der Mensch: Einleitung in die philosophische Anthropologie*. Berlin, New York: De Gruyter.

Rapp, M. A., Kluge, U., Penka, S., Vardar, A., Aichberger, M. C., Mundt, A. P., Schouler-Ocak, M., Mösko, M., Butler, J., Meyer-Lindenberg, A. & Heinz, A. (2015). When local poverty is more important than your income: Mental health in minorities in inner cities. *World Psychiatry, 14*, 249–250.

Schmack, K., Gòmez-Carrillo de Castro, A., Rothkirch, M., Sekutowicz, M., Rössler, H., Haynes, J. D., Heinz, A., Petrovic, P. & Sterzer, P. (2013). Delusions and the role of beliefs in perceptual interference. *Journal of Neuroscience, 33*, 13701–13712.

Scheler, M. (1930). *Die Stellung des Menschen im Kosmos*. Darmstadt: Otto Reichl Verlag.

Schultz, W., Dayan, P. & Montague, P. R. (1997). A neural substrate of prediction and reward. *Science, 275*, 1593–1599.

Storch, A. (1930). Die Welt der beginnenden Schizophrenie und die archaische Welt. In ders., *Wege zur Welt und Existenz des Geisteskranken* (S. 33–41). Stuttgart: Hippokrates.

Storch, A. (1965). Psychogenese und Psychotherapie. In ders., *Wege zur Welt und Existenz des Geisteskranken* (S. 33–41). Stuttgart: Hippokrates.

Veling, W., Susser, E., van Os, J., Mackenbach, J. P., Selten, J. P. & Hoek, H. W. (2008). Ethnic density of neighborhoods and incidence of psychotic disorders among immigrants. *American Journal of Psychiatry, 165*, 66–73.

Weinberger, D. R. (1987). Implications of normal brain development for the pathogenesis of schizophrenia. *Archives of General Psychiatry, 44*, 660–669.

Der Autor

Andreas Heinz, Prof. Dr. med. Dr. phil., ist Professor für Psychiatrie und Direktor der Klinik für Psychiatrie und Psychotherapie der Charité-Universitätsmedizin Berlin, Campus Mitte. Er hat den Leibniz Chair des Leibniz Instituts für Neurobiologie Magdeburg und eine Karl-Jaspers Gastprofessur der Universität Oldenburg erhalten. Außerdem ist er Mitglied der Leopoldina und President elect der Deutschen Gesellschaft für Psychiatrie und Psychotherapie, Psychosomatik und Nervenheilkunde (DGPPN).

Entwicklung der Konzeption des Unbewussten in der Psychoanalyse

Werner Bohleber

Einleitung

Dass das Seelenleben im Wesentlichen unbewusst ist, bildet die fundamentale Grundannahme der Psychoanalyse. So schreibt Freud in der *Traumdeutung*:

> »Das Unbewußte ist der größere Kreis, der den kleineren des Bewußten miteinschließt; alles Bewußte hat eine unbewußte Vorstufe, während das Unbewußte auf dieser Stufe stehen bleiben und doch den vollen Wert einer psychischen Leistung beanspruchen kann. Das Unbewußte ist das eigentlich reale Psychische, uns nach seiner inneren Natur so unbekannt wie das Reale der Außenwelt, und uns durch die Daten des Bewußtseins ebenso unvollständig gegeben wie die Außenwelt durch die Angaben unserer Sinnesorgane« (1900a, S. 617f.).

Daran hat Freud immer festgehalten. Noch 1938 – am Ende seines Lebens – formuliert er:

> »Nein, die Bewusstheit kann nicht das Wesen des Psychischen sein, sie ist nur eine Qualität desselben und zwar eine inkonstante Qualität, die viel häufiger vermisst wird, als sie vorhanden ist. Das Psychische an sich, was immer seine Natur sein mag, ist unbewusst, wahrscheinlich von ähnlicher Art wie alle anderen

Vorgänge in der Natur, von denen wir Kenntnis gewonnen haben« (ebd., 1940b, S. 144).

Für die Existenz eines Unbewussten fand Freud in seiner therapeutischen Arbeit vielfache Beweise. Es war für ihn eine notwendige Annahme, weil »die Daten des Bewusstseins lückenhaft sind; sowohl bei Gesunden als bei Kranken kommen häufig psychische Akte vor, welche zu ihrer Erklärung andere Akte voraussetzen, für die aber das Bewusstsein nicht zeugt« (ebd., 1915e, S. 265). Solche Akte fand er in Träumen, psychischen Symptomen, Fehlhandlungen und Zwangserscheinungen, oder im Alltagsleben in Einfällen, deren Herkunft unbekannt war. Hier wird ein erster Grund sichtbar, der ihn zur Annahme einer unbewussten Geistestätigkeit nötigte: es ist die Suche nach dem Sinn seelischer Phänomene. Freud ging es aber nicht nur um die Sinnfrage, sondern auch um einen wissenschaftlich »unanfechtbaren Beweis« (ebd., S. 265) für die Existenz des Unbewussten. Den lieferte ihm sein therapeutisches Handeln. Beeinflussten nämlich seine Deutungen den weiteren Verlauf der bewussten Vorgänge des Patienten in eine bestimmte Richtung, dann sah er darin eine Bestätigung für seine Annahme einer unbewussten Geistestätigkeit. Freud positionierte damit das Unbewusste vor einem doppelten wissenschaftlichen Horizont, zum einen vor einem hermeneutischen, bei dem nach sinnhaften Gründen für ein bestimmtes Handeln gesucht wird, zum anderen vor einem naturwissenschaftlichen, bei dem das Unbewusste als kausale Kraft aufgefasst wird, die bewusste Vorgänge beeinflussen und steuern kann.

Freuds Konzeption des Unbewussten

Freud hat zwei Modelle des Seelenlebens formuliert. Das erste und frühere topografische Modell (1915e) unterscheidet drei Systeme: das Unbewusste, das Vorbewusste und das Bewusste.

Jedes System hat seine Funktion, seine Abwehrformen und seine Besetzungsenergie. Der Übergang seelischen Materials von einem System zum anderen wird durch Zensoren kontrolliert. Vorstellungen, Erinnerungen und Verhaltensweisen werden auf diese Weise verschiedenen »psychischen Orten« (Laplanche & Pontalis, 1973) zugewiesen. Der Kern des Unbewussten besteht aus Triebrepräsentanzen. Die unbewussten psychischen Vorgänge werden vom Primärvorgang gesteuert, der das seelische Material untereinander verschiebt und miteinander verdichtet. Im Unbewussten herrscht das Lustprinzip und es fehlt die Beziehung zur Zeit.

Durch seine therapeutischen Erfahrungen fühlte sich Freud gezwungen, das Ich mit seinen Funktionen und Abwehroperationen neu zu bedenken. Im topografischen Modell war das Ich eine psychische Instanz, die ihren Platz in den Systemen von Vorbewusst und Bewusst fand. Als Freud erkannte, dass die Aktionen des Ichs sowie des Überichs weithin unbewusst verlaufen, ersetzte er sein topisches Modell durch das Strukturmodell mit den Instanzen Es, Ich und Überich (Freud, 1923b). Die Trennung der psychischen Systeme entlang der Achsen von bewusst und unbewusst verlor damit ihren fundamentalen Charakter.

Freud traf nun eine für die weitere Entwicklung der Psychoanalyse folgenreiche Entscheidung. Da ein beträchtlicher Teil des Ichs unbewusst funktioniert, fallen unbewusste Vorgänge nicht mehr mit dem Verdrängten zusammen. Freud sah sich genötigt, neben dem deskriptiven und dem verdrängten Unbewussten ein drittes nicht-verdrängtes Unbewusstes anzunehmen. Der Charakter dieses Unbewussten war ihm aber zu vieldeutig. Auch scheint ihm Kopfzerbrechen bereitet zu haben, dass bestimmte Funktionen des Ichs unbewusst bleiben, war doch die Eigenschaft »bewusst oder nicht« für ihn »die einzige Leuchte im Dunkel der Tiefenpsychologie« (1923b, S. 245). Da ihm diese Leuchte hier fehlte, verlor er das Interesse am nicht-verdrängten Unbewussten und ließ es beiseite. So blieben Freud und nach ihm Generationen von Psychoanalytikern dabei, sich nur mit dem verdrängten Unbewussten zu befassen, das für sie therapeutisch allein relevant war. Erst nachdem in den 1990er Jahren durch die Kognitions- und Neurowissenschaften das implizit-prozedurale Unbewusste in die wissenschaftliche Diskussion kam, veränderte sich die Sachlage. Ich komme darauf zurück, möchte aber zunächst zeigen, wie auch psychoanalytische Erkenntnisse dazu führten, Einflüsse des nicht-verdrängten Unbewussten zu entdecken und zu konzeptualisieren.

Heutige Theorien unbewusster Prozesse in der Psychoanalyse

Verglichen mit Freuds Erkenntnissen hat sich das heutige Wissen unbewusster Prozesse beträchtlich erweitert und ausdifferenziert. Um diese Entwicklungen übersichtlich zu machen, fasse ich sie in vier Arten des Unbewussten zusammen:

➢ das psychodynamische Unbewusste
➢ das nicht-verdrängte Unbewusste
➢ das traumatisch-dissoziative Unbewusste
➢ das kreativ-generative Unbewusste

Ich möchte aber betonen, dass es sich dabei nicht um voneinander abgegrenzte seelische Bereiche handelt, sondern um unbewusste Prozesse, die unterschiedliche Funktionen haben. Bei meiner Darstellung werde ich auch relevante Ergebnisse aus den Kognitions- und Neurowissenschaften miteinbeziehen.

Das psychodynamische Unbewusste

Meine Darstellung zentriert sich um drei zentrale Konzepte, die die Diskussion um dieses Unbewusste bestimmt haben: die unbewussten Fantasien, den Primär- und Sekundärprozess sowie die Verdrängung.

Unbewusste Fantasien

Für Freud entstehen Fantasien, wenn Triebwünsche frustriert und verdrängt werden. Er hatte dabei vor allem Tagträume im Blick, die bewusst waren und durch Verdrängung ins Unbewusste gerieten. Aber Fantasien können auch »von jeher« unbewusst gewesen sein (Freud, 1908a, S. 193). Zu ihnen zählt Freud die sogenannten Urfantasien. Es sind phylogenetische Erinnerungsspuren, die jenseits der Geschichte des individuellen Subjekts, jedoch innerhalb der Geschichte der Menschheit liegen (Laplanche & Pontalis, 1992 [1985], S. 39). In den Urfantasien bilden sich Grundtatsachen des menschlichen Lebens ab: so wie z. B. in den Fantasien über die Urszene der Ursprung des Individuums, in der Verführungsszene das Auftauchen der Sexualität und in den Kastrationsfantasien der Ursprung des Geschlechtsunterschiedes. Ohne Freud allzu strukturalistisch zu interpretieren, bilden diese Urfantasien eine Art von historisch bedingter Prästruktur des menschlichen Erlebens.

Melanie Klein hat diese Sicht weiter radikalisiert. Nach Kleinianischer Auffassung (Isaacs, 2016 [1948]) bilden sich unbewusste Fantasien von Geburt an und liegen damit der gesamten Struktur des psychischen Geschehens zugrunde. In der Frühzeit finden sie in Körperempfindungen, körperlichen Zuständen und Bewegungen Ausdruck, später in plastischen Bildern und in Szenen. Als Repräsentanten der Triebe prägen sie auch die Wahrnehmung der Außenwelt. Objekte der Außenwelt werden nicht einfach internalisiert, sondern die unbewusste Fantasietätigkeit geht voraus, besetzt die Objekte mit projektiven Identifizierungen und introjiziert sie danach. Innere Objekte sind demnach keine Repräsentanten von real existierenden Personen, sondern mit Realität angereicherte unbewusste Fantasien über sie. Eine von der Fantasietätigkeit unabhängige Wahrnehmung der Realität gibt es nicht.

Diese radikale Kleinianische Konzeption rief heftige Kontroversen hervor. Kritisiert wurde vor allem, dass darin das Konzept der unbewussten Fantasie so weit ausgedehnt wird, dass es praktisch die ganze Vielfalt unbewusster seelischer Inhalte miteinschließt und jede konzeptuelle diskriminierende Kapazität verliert. Außerdem werde dabei die Rolle der realen Objekte, der Erfahrung und der äußeren Realität unterschätzt. Denn nicht nur die unbewussten Fantasien prägten die Wahrnehmung der Außenwelt, sondern umgekehrt habe auch die Realität und die durch sie ausgelösten Affekte eine sie organisierende Funktion (Sandler & Sandler, 1994). Vor allem Heinz Kohut und die Selbstpsychologie betonen, dass die Bildung unbewusster Fantasien unmittelbar von spezifischen individuellen Kindheitserfahrungen abhängig ist. Ist die Umwelt hinreichend gut, entwickeln sich die Fantasien zu einer Quelle unserer Leidenschaften und Ambitionen. Behandeln die Bezugspersonen das Kind schlecht, können sich unbewusste Fantasien zu bewussten Vergeltungsfantasien entwickeln (Ornstein & Ornstein, 2008).

Kontrovers wurde auch der Grad der mentalen Organisation von unbewussten Fantasien diskutiert. Für viele Psychoanalytiker sind sie viel differenzierter organisiert als in der Kleinianischen Konzeption (z. B. bei Arlow, 1969). Klinisch lässt sich eine große Bandbreite finden. Sie reicht von primärprozesshaften locker organisierten, primitiven frühen Fantasien bis hin zu späteren stabilen, mit sekundärprozesshaftem Denken überformten unbewussten Fantasien, die eine story-artige und szenische Qualität haben (Sandler & Sandler, 1999 [1998]).

Noch kontroverser wird das Feld durch die Ergebnisse der modernen Entwicklungsforschung, die mit ihren Methoden nachgewiesen hat, dass Kleinkinder schon in einer frühen Phase ein implizites Wissen von den Interaktionen mit ihren Bezugspersonen erwerben. Die Repräsentationen *realer* Interaktionen bilden dann die Grundbausteine der unbewussten Fantasien. Bei ihrer Formung wirken kindliches Wunschdenken, kindlich-naive Kognitionen sowie zutreffende Wahrnehmung zusammen. Das Endprodukt sind unbewusste Überzeugungen über das eigene Selbst, den Anderen und das Muster ihrer Beziehungen (Eagle, 2011; Erreich, 2003, 2016; Litowitz, 2007).

Es wird deutlich geworden sein, wie divergent in der Psychoanalyse die Konzeptionen eines so zentralen Begriffs wie der unbewussten Fantasie sind. Die Unterschiede sind vor allem auf die Rolle zurückzuführen, die der Wahrnehmung der äußeren Realität als eigenständigem Faktor zugeschrieben wird (ausführlicher dazu Bohleber et al., 2016).

Primär- und Sekundärprozess

Für Freud verläuft das primärprozesshafte Denken unbewusst, es folgt dem Lustprinzip, ist assoziativ, arbeitet mit den Mechanismen von Verschiebung bzw. Verdichtung, ist bildhaft und symbolisch und kann mit frei verfügbarer Energie arbeiten. Vor allem die Traumarbeit ist von dieser Form des Denkens geprägt. Das sekundärprozesshafte Denken ordnet Freud dem Ich zu. Es funktioniert nach dem Realitätsprinzip und nach den Regeln der Logik und Syntax. Es ist überwiegend verbal geprägt und arbeitet mit gebundener Energie.

Wie die Untersuchungen zur unbewussten Fantasie gezeigt haben, können die Bereiche von Primär- und Sekundärprozess nicht, wie Freud noch glaubte, eindeutig voneinander getrennt werden. Hatte Freud den Primärprozess noch auf den Traum und die wunscherfüllenden Fantasien eingeschränkt, sehen wir ihn heute viel weitergehender im Wachbewusstsein am Werke. Für Arnold Modell (2010, 2014) ist das primärprozesshafte Denken auf die Realität ausgerichtet, zieht aus Wahrnehmungen und Erfahrungen automatisch unbewusste bedeutungsgebende Schlüsse. Es arbeitet damit, Vorstellungen metaphorisch zu verdichten und metonymisch zu verschieben. Evolutionspsychologisch ist der Primärprozess älter als der Sekundärprozess. Er ist adaptiv ausgerichtet und hat eine Überlebensfunktion. Sein Ziel ist Gefahr und Schmerz zu vermeiden und nicht so sehr, Lust zu suchen.

Obwohl sich unsere heutige Konzeption des Primärprozesses sehr verändert hat, zählt die Psychoanalyse Primär- und Sekundärprozesse als Organisatoren menschlichen Denkens nach wie vor zu ihren Grundannahmen. Auf dem Feld der Kognitionspsychologie und der kognitiven Neurowissenschaften finden sich nun in neuerer Zeit erstaunlich anschlussfähige Forschungsergebnisse, die diese Grundannahme unterstützen. Zwei davon möchte ich kurz darstellen.

In der Kognitionswissenschaft hat sich eine duale Prozess-Theorie des Denkens etabliert (Stanovich & West, 2000; Evans & Stanovich, 2013). Daniel Kahneman, der 2002 für seine Arbeiten zur Psychologie ökonomischer Entscheidungsfindung den Nobelpreis erhielt, hat kürzlich seine Zwei-Systeme-Theorie des menschlichen Denkens (2011) veröffentlicht. Bei Kahneman bildet das assoziative Gedächtnis den Kern des sogenannten Systems 1. Das Denken im System 1 verläuft unwillkürlich und unbewusst. Es stellt eine implizite Interpretation dessen bereit, was uns widerfährt und was um uns herum geschieht. System 1 ist die Quelle unserer raschen und oftmals präzisen intuitiven Urteile. Sie sind eher Risiko vermeidend als Gewinn suchend. System 2 dagegen arbeitet langsamer, erfordert Aufmerksamkeit und konstruiert in geordneten Schritten Gedanken. Es hat eine Kontrollfunktion und kann die ungezügelten Impulse und Assoziationen von System 1 verwerfen. Was Kahneman als System 1 beschreibt, entspricht weithin dem unbewusst verlaufenden Primärprozess der Psychoanalyse, das System 2 dagegen dem Denken des Sekundärprozesses. Kahneman ignoriert psychoanalytische Untersuchungen. Er arbeitet streng experimentell und lässt den Bereich der Gefühle und ihrer Konflikte außen vor. Davon abgesehen zeigen aber beide, seine eigene und die psychoanalytische Konzeption, einen überraschenden Grad an Konsistenz und liefern Anregungen für einen interdisziplinären Austausch.

Eine weitere Bestätigung dieser psychoanalytischen Grundannahme liefern die Neurowissenschaftler Carhart-Harris und Friston (2010). Sie ordnen Freuds Primär- und Sekundärprozess bestimmten neurobiologischen Substraten mit einer gemeinsamen Neurophysiologie zu. Im Zentrum steht dabei das hierarchisch strukturierte und im Cortex angesiedelte sogenannte *default-mode-network*. Beim Ruhezustand des Gehirns, etwa beim Nichtstun und Tagträumen, wird dieses Netzwerk aktiviert, während es bei erneut einsetzender gerichteter Aufmerksamkeit wieder deaktiviert wird. Carhart-Harris und Friston konnten nun Austauschprozesse dieses neuralen Netzwerkes mit nachgeordneten basaleren Hirnsystemen nachweisen. Sie wirken reziprok zusammen, indem sie freie Energie binden bzw. wieder freisetzen. Die Autoren verstehen diesen Befund nicht nur als eine Bestätigung des Freud'schen Primär- und Sekundärprozesses, sondern mehr noch als einen neurophysiologischen Prozess, der erstaunliche Ähnlichkeiten mit den Energiekonzepten Freuds aufweist. So schreibt Freud z. B. in der *Traumdeutung*: »Die primären Vorgänge treten überall dort ein, wo Vorstellungen, von der bewussten Besetzung verlassen, sich selbst überlassen werden und sich mit der ungehemmten nach Abfluss strebenden Energie vom Unbewussten her erfüllen können« (1900a, S. 610f.). Freuds Energievorstellungen sind vielleicht doch noch nicht gänzlich abzuschreiben. Auf weitere Forschungen dürfen wir gespannt sein.

Verdrängung

Das Konzept der Verdrängung ist für Freud der »Grundpfeiler, auf dem das Gebäude der Psychoanalyse ruht« (1914d, S. 54). Verdrängte Triebrepräsentanzen haben den Drang, an die Oberfläche des Bewusstseins zu gelangen. Damit setzen sie den gesamten psychischen Apparat unter Druck. Um erfolgreich zu sein, müssen sie sich mit bewusstseinsfähigen Vorstellungen verbinden. Sind diese für das Ich nicht akzeptierbar, verfallen sie wieder der Verdrängung. Klinische Arbeiten aus den letzten Jahrzehnten haben nun gezeigt, dass nicht nur Triebwünsche die Verdrängung in Gang setzen können, sondern auch allerlei unangenehme Affekte. Die Verdrängung dient dabei nicht der Vermeidung von

Unlust, sondern der Erhaltung des Narzissmus oder dem Bedürfnis nach Sicherheit (Sandler, 1961). Abgesehen von diesen Ergänzungen wird das Freud'sche Verdrängungskonzept heute viel grundsätzlicher infrage gestellt (Boag, 2012; Eagle, 2000, 2011; Mancia, 2006; Maze & Henry, 1996; Modell, 2003, 2013; Talvitie & Ihanus, 2002). Ich kann hier nur einige Kritikpunkte erwähnen.

Eine Paradoxie des Freud'schen Verdrängungskonzeptes hat besondere Aufmerksamkeit auf sich gezogen. Das Paradox besteht darin, dass das Ich schon vor dem unbewusst verlaufenden Akt der Verdrängung eine Ahnung von der Bedrohlichkeit des Inhalts haben muss, um ihn verdrängen zu können. Dasselbe gilt für das unbewusste Denken selbst bzw. für den Zensor. Sie müssen ein Wissen davon haben, was für das Ich anstößig bzw. unbedenklich ist, bevor sie Ersatzbildungen formen, die ins Bewusstsein vordringen können. Oder anders ausgedrückt, es stellt sich die Frage: Wie kann das Ich etwas wissen und es gleichzeitig nicht wissen? In der Forschung gibt es verschiedene Versuche, diese Paradoxie aufzulösen, ohne einem Zensor ein autonomes Bewusstsein zuerkennen zu müssen (Boag, 2012; Eagle, 2011; Maze & Henry, 1996).

Für Freud liegt das Wesen der Verdrängung in der *Hemmung* seelischer Prozesse (1915d, S. 250). Daran setzen zahlreiche experimentelle Studien mit ihrem Untersuchungsdesign an (Anderson & Green, 2001; Anderson, 2006; Erdelyi, 2000). Obwohl sie die hemmende Wirkung von kognitiven Steuerungsprozessen nachweisen konnten, blieb der gravierende Nachteil dieser Studien bestehen, dass sie nur mit einer bewussten Unterdrückung von mentalem Material arbeiten konnten und nicht mit einer unbewusst verlaufenden Verdrängung. Der italienische Neurowissenschaftler Carlo Semenza mahnt deshalb an: »What we badly need – and what is still missing – is a good cognitive theory of repression« (Semenza, 2004, S. 88).

Für Freud vollziehen sich alle Verdrängungen in der frühen Kindheit. In dieser Zeit ist das Ich des Kindes nicht in der Lage, die Vorstellungs-Repräsentanzen des Triebes ins Bewusstsein zu übernehmen. Der quantitative Erregungsfaktor ist zu stark (Freud, 1926d). Sie verbleiben im Unbewussten und bilden den infantilen Kern des Verdrängten. Freud nennt diesen Vorgang die *Urverdrängung*. Alle spätere Verdrängung, die »eigentliche Verdrängung« ist stets ein Nachdrängen. Freud vermutet, dass mit der Etablierung des Überichs die Urverdrängung endgültig der eigentlichen Verdrängung Platz macht.

Freud hielt stets am Begriff der Urverdrängung fest. Er war für ihn wichtig, weil nach seinem Verständnis im Unbewussten etwas da sein musste, was eine Anziehung auf zu verdrängendes Material ausüben konnte. Unabhängig davon, ob wir diesen Begriff der Urverdrängung noch aufrecht erhalten wollen, ist jedoch sein wesentlicher Inhalt für die Theoriebildung von Bedeutung, nämlich die triebgesteuerten Interaktionen der ersten Lebensjahre, von denen sich keine bewussten Vorstellungsrepräsentanzen bilden können. Heute verankern wir diesen Inhalt der Urverdrängung im nicht-deklarativen implizit/prozeduralen Gedächtnis. Er bildet einen frühen nicht-verdrängten unbewussten Kern des Selbst (Mancia, 2006).

Für Freud gab es nur ein Gedächtnissystem. Die Unterscheidung zwischen explizit-deklarativen und nicht-deklarativen, implizit/prozeduralen Gedächtnissystemen, die in den 1980er Jahren eingeführt worden waren, hat die Gedächtnisforschung auf eine ganz neue Grundlage gestellt und die Sichtweise, wie Vergangenheit gegenwärtige Erfahrung und Verhalten bestimmt, geradezu revolutioniert (Davis, 2001). Eine dichotome Unterscheidung zwischen deklarativem und nicht-deklarativem Gedächtnis erwies sich allerdings als zu einfach. Das deklarative Gedächtnis kann in ein semantisches und ein episodisches Gedächtnis weiter unterteilt werden, während das nicht-deklarative Gedächtnis eher ein Oberbegriff ist, der unter sich weitere Gedächtnissysteme vereint. Ich kann hier nicht weiter darauf eingehen und verweise auf die relevante Literatur (siehe dazu Schacter, 1999 [1996]; Davis, 2001; Squire, 2004; Hassin et al., 2005; Kandel,

2006; Berlin, 2011). Die Konzeptualisierung multipler Gedächtnissysteme war auch für die Psychoanalyse von großer Bedeutung und hat sowohl theoretisch als auch klinisch unser Verständnis unbewusster Prozesse enorm erweitert. Bevor ich darauf näher eingehe, noch einige abschließende Bemerkungen zum verdrängten Unbewussten aus heutiger Sicht.

Es wird deutlich geworden sein, wie sehr die klassische Auffassung des psychodynamischen Unbewussten als eines verdrängten Unbewussten durch die Weiterentwicklungen der letzten Jahrzehnte infrage gestellt worden ist. Morris Eagle bringt diese Entwicklung auf folgenden Punkt: »Was wir heute erleben, ist die Verschiebung von einem Unbewussten der frühkindlichen Wünsche hin zu einem Unbewussten der frühkindlichen Repräsentationen« (2011, S. 130f.). Durch die Kritik der Freud'schen Triebtheorie hat der Begriff der Verdrängung zudem an Bedeutung verloren. Einer der schärfsten Kritiker von Freuds Fokussierung auf das psychodynamisch verdrängte Unbewusste ist Christopher Bollas. Weil die Verdrängungstheorie in der Geschichte der Psychoanalyse das Feld so lange beherrscht habe, seien die allgemeineren Prozesse der unbewussten Wahrnehmung sowie der unbewussten Organisation und Kommunikation aus der psychoanalytischen Theorie verbannt worden (Bollas, 2011, S. 39). Für Bollas ist das verdrängte Unbewusste eine Sonderform des umfassenderen nicht-verdrängten Unbewussten.

Arnold Modell (2008, 2010) sieht es ähnlich. Das Unbewusste ist für ihn ein »knowledge processing center« und das psychodynamische Unbewusste ist nur ein Aspekt in der Gesamtheit unbewusster Prozesse. Modell lehnt Freuds Triebtheorie ab. Das Es ist für ihn kein »Kessel voll brodelnder Erregungen« (Freud, 1933a, S. 80), sondern eine evolutionsbiologische Gegebenheit, die der Selbsterhaltung dient. Die Triebkräfte stehen nicht in Gegensatz zum bewussten Selbst, sondern sind vielmehr adaptiv und speisen die Intentionen des Selbst. Modell betont durchgängig die adaptive Funktion des Unbewussten.

Das nicht-verdrängte Unbewusste

In den letzten 20 Jahren ist durch die Ergebnisse der kognitiven Neurowissenschaften, der Säuglingsforschung, der Bindungstheorie und der Forschungen zum Embodiment das nicht-verdrängte Unbewusste in den Fokus des psychoanalytischen Interesses gerückt. Unser Verständnis der frühen Objektbeziehungsstrukturen wurde dadurch wesentlich erweitert. Aus den affektiven und kognitiven Repräsentationen der frühen Interaktionen der Primärobjekte mit dem Säugling und dem Kleinkind bilden sich Verhaltensmuster, die dann zu unbewussten Erwartungen transformiert werden und der unmittelbaren Beziehungsregulierung mit Anderen dienen. Die Bedeutung vermittelt sich durch die »enactive procedures« selbst und erfordert keine symbolisch-verbale Repräsentation. Es handelt sich um einen nicht-verbalen unbewussten Handlungsdialog. Hier kann später nichts, was verdrängt wäre, aufgedeckt werden, sondern es bedarf einer intensiven Selbstbeobachtung, um die Muster von Interaktionsformen und die impliziten Erwartungen, die sich darin ausdrücken, zu entdecken und ihre Bedeutung zu erkennen. Nur so können sie nachträglich bewusst und Teil des deklarativen Gedächtnisses werden.

In der therapeutischen Beziehung tauchen diese interaktiven Muster als automatisch agierte Beziehungsschemata auf. Sind Patient und Analytiker in der Lage, diese unbewussten Beziehungsmuster in Worte zu fassen, erhalten sie eine symbolische Bedeutung und können mit der Vergangenheit verbunden werden. Ein Beispiel soll solche frühen Beziehungsschemata veranschaulichen: Eine Patientin kam immer ca. fünf bis zehn Minuten zu spät zur Sitzung, womit sie sicherstellte, nicht zu früh da zu sein. Als dieses eingeschliffene Interaktionsmuster ansprechbar geworden war, konnte die Patientin erkennen, dass sie sich in den Sitzungen nicht mit ihren Gefühlen ausdehnen wollte, denn das wäre ihr vorgekommen, als würden diese hypertroph und nähmen einen übermäßigen Raum ein. Hinter diesem Muster tauchte dann eine Mutter auf, die sich nach Schicksalsschlägen emotional zurückgezogen hatte. In Identifizierung mit ihr hatte die Patientin als Kind diese Eingrenzung übernommen. Sie wirkte als ein unbewusstes Verbot, sich mit ihren Gefühlen auszudehnen und zu entfalten.

Wie dieses Beispiel zeigt, können das psychodynamische und das nicht-verdrängte Unbewusste zusammenwirken. Beide sind – wie klinische Erfahrung und die Entwicklungsforschung zeigen – nicht scharf gegeneinander abzugrenzen.

Daniel Stern und die Boston Change Process Study Group (2012 [2010]) haben mit ihrem Konzept des »Impliziten Beziehungswissens« (Implicit relational knowing) wichtige Beiträge für unsere Kenntnis des nicht-verdrängten Unbewussten geliefert. Diese Forscher betonen, dass die frühen impliziten interaktiven Prozesse auf einer nicht-symbolischen Ebene unbewusst repräsentiert sind. Psychodynamische Bedeutung ist für sie keinesfalls nur symbolisch und verbal repräsentiert, sondern sie wird in hohem Maße durch nicht-symbolische Prozesse befördert und ausgedrückt. So besitzt ein zwölf Monate altes Kind mit einem vermeidenden Bindungsverhalten ein Wissen darüber, dass es wahrscheinlich ein Unbehagen oder eine Zurückweisung bei seiner Mutter auslösen würde, falls es Trost bei ihr suchte. Diese Vermeidungsstrategie funktioniert auf einer impliziten Ebene, hat aber eine psychodynamische Bedeutung. Deshalb sind Abwehr und Konflikt auch auf einer impliziten Ebene repräsentiert. Interessant sind auch die neueren Ergebnisse dieser Forschergruppe (BCPSG, 2014). So werden Enactments in der Therapie nicht mehr als ein unbewusstes Reaktionsmuster des Patienten aufgefasst, in das sich eine ebenfalls unbewusste Reaktionsbereitschaft des Therapeuten einklinkt, sondern Enactments sind eine emergente Eigenschaft der Dyade selbst. Sie ist eine sich selbstorganisierende Beziehung, die auf der implizit-prozeduralen Ebene neue relationale Fähigkeiten hervorbringen kann. Das bedeutet, dass sich die emergente Veränderung schon unbewusst vollzogen hat, bevor sie im Enactment ausgedrückt und bewusstgemacht werden kann.

Dass sich Veränderungen in der Therapie nicht nur durch Deutung und Einsicht allein vollziehen, sondern auch durch die therapeutische Beziehung, wissen wir schon lange. Dieses Wissen wird jetzt durch die Erkenntnisse zu den implizit-prozeduralen Interaktionsprozessen enorm erweitert. Auf einer unbewussten Ebene werden Wahrnehmungen, Gefühle, Bilder, Vorstellungen, Empfindungen, Fantasien, Gedanken und Intuitionen zu einem Gesamt integriert. Weil dieses Gesamt weder in seine Einzelteile zerlegt noch in Worten vollständig repräsentiert wird, bleibt unser verbal vermitteltes Verständnis dieses Beziehungsgeschehens in der Therapie stets begrenzt.

Noch ein letzter Punkt. Obwohl die Aufteilung seelischen Geschehens auf die deklarativen und nicht-deklarativ prozeduralen Gedächtnissysteme heute weitgehend unproblematisch zu sein scheint, gibt es doch Tatbestände, die sich dem entziehen. Schon die Boston Change Process Study Group stellte fest, dass psychodynamische Prozesse sowohl Teil des deklarativen Unbewussten als auch des impliziten Unbewussten sein können. Dazu nachfolgend noch zwei weitere Punkte.

➢ In der frühen Entwicklung des Kindes ist das prozedurale Gedächtnis vermutlich nicht die einzige aktive Gedächtnisform, weil episodische Erinnerungen schon in einem sehr frühen Alter nachgewiesen werden können. Sogenannte »event traumas«, die während des ersten Lebensjahres erlebt werden, schlagen sich in der Erinnerung nieder und können in Handlungen oder im symbolischen Spiel entsprechend aktualisiert werden (Coates & Gaensbauer, 2009; Coates, 2016).

➢ Die Untersuchungen von Carolyn Rovee-Collier (1997; Rovee-Collier & Cuevas, 2009) bestärken die These, dass sich die impliziten und expliziten Gedächtnissysteme gleichzeitig entwickeln und wir – wie Howard Shevrin (2012) betont – nicht davon ausgehen können, dass es eine gänzliche Abtrennung des prozeduralen vom episodischen Gedächtnis gibt.

Die unabgeschlossene Debatte um diese Fragen ist für die klinische Theoriebildung der Psychoanalyse von einiger Bedeutung.

Das traumatisch-dissoziative Unbewusste

In der traumatischen Erfahrung bricht die Fähigkeit des Ichs, Selbstzustände affektiv und mental zu verarbeiten, zusammen und die psychische Textur des Selbst zerreißt. Die traumatisch verursachte affektive Übererregung aktiviert einen veränderten Bewusstseinszustand. Er wird gemeinsam mit der traumatischen Szene und den mit ihr assoziierten Affekten im Gedächtnis registriert und abgekapselt. So kann die Erinnerung nicht mit anderen mentalen Inhalten assoziiert, mit Bedeutung versehen und integriert werden. Amnesie schafft häufig eine zusätzliche Barriere. Die traumatische Erfahrung ist damit unbewusst geworden, aber sie ist nicht verdrängt.

Traumatisierungen und ihre Folgen sind heute ein wesentlicher Bestandteil der Theorie und Klinik der Psychoanalyse. Aber dennoch hat die psychoanalytische Theorie bis heute Schwierigkeiten, die abgekapselten trauma-induzierten Selbstzustände auf den Begriff zu bringen; ein Tatbestand, der mit frühen Weichenstellungen in der Geschichte der Psychoanalyse zu tun hat (vgl. dazu Bohleber, 2017). Breuer und Freud (1893a, 1895d) hatten zunächst – Pierre Janet folgend – angenommen, dass bei hysterischen Patientinnen die Erinnerung an das Trauma vom normalen Gedächtnis dissoziativ abgespalten worden ist und dem bewussten Denken nicht zur Verfügung steht. Anders als Breuer betonte Freud allerdings den Willensakt des Kranken, unverträgliche Vorstellungen abzuwehren. Das Ich besaß für ihn genügend Stärke, um die traumatischen Erinnerungen ins Unbewusste zu verdrängen. Er baute in der Folge seine Verdrängungslehre aus und die Dissoziation war – von Ausnahmen wie bei Ferenczi und Fairbairn abgesehen – lange kein Thema mehr in der Psychoanalyse. Auch heute ist die Wiedereingliederung des Konzepts der

Dissoziation in den Korpus psychoanalytischer Theorie immer noch ein work in progress. Wir benötigen aber dieses Konzept, um die *spezifische Unbewusstheit* traumatischer Erinnerungen angemessen erklären zu können. Dazu noch einige Anmerkungen:

Dissoziation führt als Reaktion auf ein schweres Trauma zu einer vertikalen Spaltung der Einheit des Bewusstseins in unterschiedliche Bewusstseinszustände. Traumatisch dissoziierte Selbst-Zustände sind nicht in einem psychodynamischen Sinne unbewusst, sondern sind in einem Bereich gespeichert, der dem Bewusstsein zu diesem Zeitpunkt nicht zugänglich ist. Sie können aber jederzeit wieder ins Bewusstsein einbrechen, wenn sie durch bestimmte Reize getriggert werden. Dissoziierte Selbst-Zustände werden nicht wie bei der Verdrängung von einem unbewussten Ich gesteuert, sondern brechen als chronifizierte autonome Intrusionen ins psychische Funktionieren und ins Selbstgefühl ein. Die krasseste Ausprägung dieses Mechanismus finden wir bei den Dissoziativen Identitätsstörungen.

Wie bereits erwähnt, funktioniert diese Art der Unbewusstmachung von seelischem Material nach anderen Prozessen als beim psychodynamischen Unbewussten. Elisabeth Howell und Sheldon Itkowitz (2016, S. 38) sprechen deshalb von einem *dissoziativen Unbewussten*. Richard Kluft nennt diesen Bereich »das anderswo Bewusste« (2011, S. 66). Er versteht dissoziative Prozesse als parallel ablaufende Vorgänge, die sich nicht mit der traditionellen Trennung zwischen bewusst, vorbewusst und unbewusst decken. Dissoziative Strukturen und Prozesse sind mit diesen topischen Konzepten nicht angemessen zu erklären.

Das kreative und das romantische Unbewusste

Die psychoanalytische Klinik hat gezeigt, dass unbewusste Kräfte nicht nur in Konflikten und Symptomen gebunden sind, sondern dass unbewussten Prozessen auch eine Art von Korrekturfunktion für das seelische Gleichgewicht zukommt. Unbewusste Fantasien können eine stabilisierende Funktion haben (»gyroscopic function« Sandler, 1986). Man denke nur an Tagträume, die dem Einzelnen ein Gefühl der Sicherheit und Selbstbewahrung vermitteln können. Auch Träume können eine unbewusste Korrektur von Einstellungen und Konfliktorientierungen anzeigen und dem Träumer ein Gefühl wachsender persönlicher Authentizität vermitteln. Solche und andere klinische Erkenntnisse haben dazu geführt, dass heute der Traum in der Psychoanalyse nicht mehr in erster Linie als ein Weg angesehen wird, auf dem sich unbewusste Wünsche eine imaginäre Erfüllung suchen, sondern der Traum gilt als eine besondere Form des unbewussten Denkens, das auf der Suche nach Problemlösungen ist, der Verarbeitung von Konflikten dient, neue Ideen schafft und seelisches Wachstum fördert. Dieses unbewusste Prozessieren von ungelösten Problemen finden wir auch im Wachbewusstsein. Wenn man z. B. beim Schreiben über wissenschaftliche Fragestellungen nicht weiterkommt, ist es oft besser, sich von dem angestrengten linear deklarativen Denken abzuwenden und sich für längere Zeit automatisch funktionierenden Tätigkeiten zu überlassen. Plötzlich können dann Einfälle auftauchen, die nicht direkt eine Lösung für das Problem darstellen, aber doch den Weg dahin bahnen. Eine ähnlich kreativ-lösende Funktion können Träume haben, wie das berühmte Beispiel von Kekulés Ringtraum (Mitscherlich, 1972; Le Soldat, 1993).

Deshalb haben manche Psychoanalytiker über die Freud'sche Konzeption hinaus auf das romantische Verständnis des Unbewussten zurückgegriffen, bei dem das Unbewusste zur Quelle seelischen Wachstums wird. Newirth (2003) spricht von einem »generativen Unbewussten«, das die Personwerdung des Einzelnen und seine Subjektivität speist. In solchen generativ wirkenden unbewussten Prozessen ist auch das Konzept des »wahren Selbst« von Donald Winnicott (1974 [1965]) verankert. Er definiert es als angeborene reine Potenzialität, die sich in sogenannten »spontanen Gesten« realisiert. Die Potenzialität verdichtet sich zu einem Entwurf der eigenen Person und bedarf der mütterlichen Fürsorge, um sich verwirklichen zu können.

Ein solcher Entwurf verbleibt in einem Bereich, den man mit dem Begriff des *romantischen Unbewussten* identifizieren kann. Christopher Bollas drückt diesen Sachverhalt mit seinem Konzept des »personality idiom« noch klarer aus. Er greift dabei auf Freuds Begriff der Urverdrängung zurück. Hatte Freud dort die frühen Triebrepräsentanzen lokalisiert, so ersetzt sie Bollas durch seinen Begriff des wahren Selbst bzw. des Idioms der Persönlichkeit. Dieser Kern des unbewussten Lebens ist als eine »dynamische Form« zu verstehen, die ihr Sein durch Erfahrung und sogenannte Objektivationen zu verwirklichen sucht (Bollas, 1989, S. 12, 2000 [1992]), aber damit nie zum Ende kommt. Das eigentliche Idiom ist nie in objektiver Realität vorzufinden oder festzumachen, sondern verbleibt im Unbewussten.

Ähnlich ist Wilfred Bions Konzeption des ›O‹ zu verstehen. O ist nicht fest umschrieben, sondern variabel als »letzte Realität« oder als »absolute Wahrheit«. Als immaterielle psychische Realität kann ›O‹ im Reich des Unbewussten verankert werden (Vermote, 2011; Crepaldi, 2013). ›O‹ ist für Bion zunächst »Dunkelheit und Formlosigkeit«, kann dann aber in den Bereich des Wissens eingehen, wenn es sich so weit entwickelt hat, dass es aus sinnlicher Erfahrung hergeleitet und er-kannt werden kann (Bion, 2006 [1970], S. 35).

Der Bezug zur Konzeption des Unbewussten in der Romantik ist bei all diesen Psychoanalytikern offensichtlich, auch wenn sie ihn explizit nicht erwähnen.

Freuds romantisches Erbe war in der Psychoanalyse lange unterbelichtet. Heute verfügen wir über zahlreiche Arbeiten, die dieses Erbe wieder heben (Vermorel & Vermorel, 1986; Marquard, 1987; Ffytche, 2017). Freud war sich seiner romantischen Quellen durchaus bewusst, begegnete ihnen aber mit der Ambivalenz seiner naturwissenschaftlichen Identität. In Bezug auf das Unbewusste schreibt er einerseits:

>»Der Begriff des Unbewussten pochte schon seit langem um Aufnahme an die Pforten der Psychologie. Philosophie und Li-

teratur haben oft genug mit ihm gespielt, aber die Wissenschaft wusste ihn nicht zu verwenden. Die Psychoanalyse hat sich dieses Begriffs bemächtigt, ihn ernst genommen, ihn mit neuem Inhalt erfüllt [...] (und) einige der Gesetze entdeckt, die in ihm herrschen« (1940b, S. 147).

Andererseits erkennt Freud die Unergründlichkeit des Unbewussten an: »Ein Individuum ist nun für uns ein psychisches Es, unerkannt und unbewusst, diesem sitzt das Ich oberflächlich auf« (1923b, S. 251). Trotz allem wissenschaftlich objektivierendem Zugriff bewahrt Freud damit etwas von der romantischen Verankerung eines authentischen Selbst im Unbewussten: ein Selbst, das sich nur im Rückblick auf seine Vergangenheit verstehen kann, aber damit nie zu Ende kommt. Es bleibt sich selbst immer auch ein unbewusstes Wesen.

Schluss

Durch die rasante Entwicklung der Kognitions- und Neurowissenschaften hat das wissenschaftliche Interesse an der unbewussten Psyche enorm zugenommen. Unsere gegenwärtige Konzeption des Unbewussten hat sich gegenüber dem Freud'schen Unbewussten wesentlich ausdifferenziert. Nicht mehr das verdrängte Unbewusste steht im Vordergrund, sondern das nicht-verdrängte Unbewusste mit den Repräsentationen frühkindlicher Beziehungsmuster, die im implizit-prozeduralen Gedächtnis gespeichert sind. Der Dialog mit den Neurowissenschaften ist für die Psychoanalyse eine spannende, aber auch spannungsvolle Herausforderung. Beide Wissenschaften haben ihre eigene Perspektive, die Natur des Menschen zu erforschen. Die methodischen Probleme, die sich daraus ergeben, konnten hier nicht erörtert werden. Ein wesentlicher Aspekt der Differenz soll zum Schluss dennoch erwähnt werden. Er hat mit unserer personalen Identität und unserer ureigensten Individualität als lebensgeschichtlich gewordene Subjekte zu tun. Wir können uns selbst reflexiv nie einholen. Die darin begründete Spannung zwischen individuellem Selbstsein und Gewordensein ist der Psychoanalyse klinisch und konzeptuell zugänglich. Ob aber ihre neurale Basis jemals erforschbar werden wird, bleibt eine offene Frage.

Literatur

Anderson, M. (2006). Repression: A cognitive neuroscience approach. In M. Mancia (Hrsg.), *Psychoanalysis and neuroscience* (S. 327–349). Italien: Springer Verlag Italia.

Anderson, M. C. & Green, C. (2001). Suppressing unwanted memories by executive control. *Nature, 410*, 366–369.

Arlow, J. (1969). Unconscious fantasy and disturbances of conscious experience. *The Psychoanalytic Quarterly, 38*, 1–27.

Berlin, H. A. (2011). The neural basis of the dynamic unconscious. *Neuropsychoanalysis, 13*, 5–31.

Bion, W. (2006). Aufmerksamkeit und Deutung. Tübingen: edition discord [Orig. 1970].

Boag, S. (2012). *Freudian repression, the unconscious, and the dynamics of inhibition*. London: Karnac.

Bohleber, W. (2017). Dissoziation – Abwehr – Spaltung: Psychoanalytische Konzeptionen. In A. Eckhardt-Henn & C. Spitzer (Hrsg.), *Dissoziative Bewusstseinsstörungen. Grundlagen, Klinik, Therapie*. (2. Aufl.) (S. 144–155). Stuttgart: Schattauer.

Bohleber, W., Jiménez, J. P., Scarfone, D., Varvin, S. & Zysman, S. (2016). Unbewusste Phantasie und ihre Konzeptualisierungen: Versuch einer konzeptuellen Integration. *Psyche, 70*, 24–59.

Bollas, C. (1989). *Forces of destiny. Psychoanalysis and human idiom*. London: Free Association Books.

Bollas, C. (2000). *Genese der Persönlichkeit. Psychoanalyse und Selbsterfahrung*. Stuttgart: Klett-Cotta [Orig. 1992].

Bollas, C. (2011). *Die unendliche Frage. Zur Bedeutung des freien Assoziierens*. Frankfurt/M.: Brandes & Apsel [Orig. 2009].

BCPSG (The Boston Change Process Study Group) (2012). *Veränderungsprozesse. Ein integratives Paradigma*. Frankfurt/M.: Brandes & Apsel [Orig. 2010].

BCPSG (The Boston Change Process Study Group) (2014). Enactment und das Auftauchen einer neuen Beziehungsorganisation. *Psyche, 68*, 971–996.

Carhart-Harris, R. L. & Friston, K. J. (2010). The default mode, ego functions and free-energy: a neurobiological account of Freudian ideas. *Brain, 133*, 1265–1283.

Coates, S. (2016). Can babies remember trauma? Symbolic forms of representation in traumatized infants. *Journal of the American Psychoanalytic Association, 64*, 751–776.

Coates, S. & Gaensbauer, Th. (2009). Event Trauma in Early Childhood: Symptoms, Assessment, Intervention. *Child and Adolescent Psychiatric Clinics of North America Infant and Early Childhood Mental Health, 18*, 611–26.

Crepaldi, G. (2013). Bion und Kant. Psychoanalytisch-philosophische Überlegungen zu ›O‹. *Psyche, 67*, 432–457.

Davis, J. T. (2001). Revising psychoanalytic interpretations of the past: An examination of declarative and non-declarative memory processes. *International Journal of Psychoanalysis, 82*, 449–462.

Eagle, M. (2000). Repression. Part I of II. *The Psychoanalytic Review, 87*, 1–38.

Eagle, M. (2011). *From Classical to Contemporary Psychoanalysis. A Critique and Integration*. New York, London: Routledge.

Erdelyi, M. H. (2000). The unified theory of repression. *Behavioral and Brain Sciences, 29*, 499–551.

Erreich, A. (2003). A modest proposal: (Re)Defining unconscious fantasy. *The Psychoanalytic Quarterly, 72*, 541–574.

Erreich, A. (2016). Unbewusste Phantasie als spezielle Kategorie der psychischen Repräsentation. Ein Beitrag zu einem Modell der Psyche. *Psyche, 70*, 481–507.

Evans, J. St. & Stanovich, K. E. (2013). Dual process theories of higher cognition. Advancing the debate. *Perspectives on psychological science, 8*, 223–241.

Ffytche, M. (2017). *The foundation of the unconscious. Schelling, Freud and the birth of the modern psyche*. Cambridge: Cambridge University Press.

Freud, S. (1900a). *Die Traumdeutung. GW II/III*.

Freud, S. (1908a). *Hysterische Phantasien und ihre Beziehung zur Bisexualität. GW VII*, 189–199.

Freud, S. (1914d). Zur Geschichte der psychoanalytischen Bewegung. *GW X*, 43–113.

Freud, S. (1915d). Die Verdrängung. *GW X*, 248–261.

Freud, S. (1915e). Das Unbewußte. *GW X*, 264–303.

Freud, S. (1911b) Formulierungen über die zwei Prinzipien des psychischen Geschehens. *GW VIII*, 230–238.

Freud, S. (1923b). *Das Ich und das Es. GW XIII*, 237–289.

Freud, S. (1926d): *Hemmung, Symptom und Angst. GW XIV*, 111–205.

Freud, S. (1933a). *Neue Folge der Vorlesungen zur Einführung in die Psychoanalyse. GW XV*.

Freud, S. (1940a). Abriss der Psychoanalyse. *GW, XVII*, 63–138.

Freud, S. (1940b): Some Elementary Lessons in Psycho-Analysis. *GW XVII*, 139–147.

Freud, S. & Breuer, J. (1893a). Über den psychischen Mechanismus hysterischer Phänomene. Vorläufige Mitteilungen. *GW I*, 81–98.

Freud S. & Breuer, J. (1895d). *Studien über Hysterie. GW I*, 75–312; Nachtragsband 217–310.

Hassin, R. R., Uleman, J. S. & Bargh, J. A. (Hrsg.). (2005). *The new unconscious*. Oxford: Oxford University Press.

Howell, E. F. & Itkowitz, S. (2016). *The dissociative mind in psychoanalysis*. London: Routledge.

Isaacs, S. (2016). Wesen und Funktion der Phantasie. *Psyche, 70*, 532–582 [Orig. 1948].

Kahneman, D. (2012). *Schnelles Denken, langsames Denken*. München: Penguin [Orig. 2011].

Kandel, E. R. (2006). *Psychiatrie, Psychoanalyse und die neue Biologie des Geistes*. Frankfurt/M.: Suhrkamp.

Kluft, R. P. (2011). Behandlung der dissoziativen Identitätsstörung aus psychodynamischer Sicht. In L. Reddemann L., A. Hofmann & U. Gast (Hrsg.), *Psychotherapie der dissoziativen Störungen. Krankheitsmodelle und Therapiepraxis – störungsspezifisch und schulenübergreifend* (3. Aufl.) (S. 64–90). Stuttgart: Georg Thieme.

Laplanche, J. & Pontalis, J.-B. (1973). *Das Vokabular der Psychoanalyse, 2 Bände*. Frankfurt/M.: Suhrkamp.

Laplanche, J. & Pontalis, J.-B. (1992). *Urphantasie. Phantasien über den Ursprung, Ursprünge der Phantasie*. Frankfurt/M.: Fischer Taschenbuch Verlag [Orig. 1985].

Le Soldat, J. (1993). Kekulés Traum. Ergänzende Betrachtungen zum ›Benzolring‹. *Psyche, 47*, 180–201.

Litowitz, B. (2007). Unconscious fantasy: A once and future concept. *Journal of the American Psychoanalytic Association, 55*, 199–228.

Mancia, M. (2006). Implicit memory and early, unrepressed unconscious: their role in the therapeutic process. How the neurosciences can contribute to psychoanalysis. *The International Journal of Psychoanalysis, 87*, 83–103.

Marquard, O. (1987). *Transzendentaler Idealismus, romantische Naturphilosophie, Psychoanalyse*. Köln: Verlag für Philosophie J. Dinter.

Maze, J. R. & Henry, R. M. (1996). Problems in the concept of repression and proposals for their resolution. *The International Journal of Psychoanalysis, 77*, 1085–1100.

Mitscherlich, A. (1972). Kekulés Traum. Psychologische Betrachtung einer chemischen Legende. *Psyche, 26*, 649–655.

Modell, A. (2003). *Imagination and the meaningful brain*. Cambridge MA, London: MIT Press.

Modell, A. (2008). Horse and rider revisited: The dynamic unconscious and the self as agent. *Contemporary Psychoanalysis, 44*, 351–366.

Modell, A. H. (2010). The unconscious as a knowledge processing center. In J. Petrucelli (Hrsg.), *Knowing, not-knowing and sort of knowing. Psychoanalysis and the experience of uncertainty* (S. 45–61). London: Karnac.

Modell, A. (2013). Some comments on the Freudian unconscious. *The Psychoanalytic Review, 100*, 535–541.

Modell, A. (2014). The evolutionary significance of the primary process – The Freudian concept and its revision. *Psychoanalytic Inquiry, 34*, 810–816.

Newirth, J. (2003). *Between emotion and cognition. The generative unconscious.* New York: Other Press.

Ornstein, P. & Ornstein, A. (2008). The structure and function of unconscious fantasy and the psychoanalytic treatment process. *Psychoanalytic Inquiry, 28*, 206–230.

Pugh, G. (2002). Freud's ›problem‹: Cognitive neuroscience & psychoanalysis working together on memory. *The International Journal of Psychoanalysis, 83*, 1375–1394.

Rovee-Collier, C. (1997). Dissociations in infant memory: Rethinking the development of implicit and explicit memory. *Psychological Review, 104*, 467–498.

Rovee-Collier, C. & Cuevas, K. (2009). Multiple memory systems are unnecessary to account for infant memory development: An ecological model. *Developmental Psychology, 45*, 160–174.

Sandler, J. (1961). Sicherheitsgefühl und Wahrnehmungsvorgang. *Psyche, 15*, 124–131.

Sandler, J. (1986). Reality and the stabilizing function of unconscious fantasy. *Bulletin of the Anna Freud Centre, 9*(3), 177–194.

Sandler, J. & Sandler A.M. (1994). Phantasy and its transfomations. *The International Journal of Psychoanalysis, 75*, 387–394.

Sandler, J. & Sandler, A. M. (1999). *Innere Objektbeziehungen. Entstehung und Struktur.* Stuttgart: Klett-Cotta [Orig. 1998].

Schacter, D. L. (1999). *Wir sind Erinnerung. Gedächtnis und Persönlichkeit.* Reinbek: Rowohlt [Orig. 1996].

Semenza, C. (2004). Unconscious how? Concluding remarks to the New York meeting of the »Unconscious in cognitive neuroscience and psychoanalysis«. *Neuropsychoanalysis, 6*, 87–89.

Shevrin, H. (2012). A contribution towards a science of psychoanalysis. *Psychoanalytic Review, 99*, 491–509.

Squire, L. R. (2004). Memory systems of the brain: A brief history and current perspective. *Neurobiology of learning and memory, 82*, 171–177.

Stanovich, K. E., West, R. F. (2000). Individual differences in reasoning: Implications for the rationality debate? *Behavioral and Brain Sciences, 23*, 645–726.

Talvitie, V. & Ihanus, J. (2002). The repressed and implicit knowledge. *The International Journal of Psychoanalysis, 83*, 1311–1323.

Vermorel, M. & Vermorel, H. (1986). Was Freud a Romantic? Int Rev Psychoanal, 13, 15–37.

Vermote, R. (2011). Bion's critical approach to psychoanalysis. In C. Mawson (Hrsg.), *Bion today* (S. 349–365). London, New York: Routledge.

Winnicott, D. W. (1974). *Reifungsprozesse und fördernde Umwelt*. München: Kindler [Orig. 1965].

Der Autor

Werner Bohleber, Dr. phil., ist als Psychoanalytiker in eigener Praxis in Frankfurt am Main tätig. Er ist außerdem Lehranalytiker der Deutschen Psychoanalytischen Vereinigung (DPV), deren Vorsitzender er von 2000 bis 2002 war. Seit 1988 arbeitete er in der Redaktion der Zeitschrift *PSYCHE* mit, von 1997-2017 war er deren Herausgeber. Im Jahr 2007 wurde er mit dem Mary S. Sigourney Award ausgezeichnet.

Reduktionismus in Kunst und Hirnforschung[1]

Eric R. Kandel

Teil 1: Brückenschlag zwischen zwei Kulturen

Natur- und Humanwissenschaften sind von zentraler Bedeutung für das menschliche Wissen, stehen einander jedoch oftmals wie zwei fremde Kulturen gegenüber. Im Folgenden wird der Versuch unternommen, am Beispiel von Hirnforschung und moderner Kunst eine Brücke zwischen beiden zu bauen.

Lernen und Erinnern individueller Erfahrungen sind Schlüsselelemente in der Resonanz auf ein Kunstwerk und beschäftigen seit vielen Jahren auch die Hirnforschung. Am Beispiel der abstrakten Expressionisten der New Yorker Schule der 1940er und 1950er Jahre soll versucht werden dies zu illustrieren. Die moderne abstrakte Kunst brach mit der Tradition, die Welt naturalistisch und in vertrauter Weise darzustellen, wofür sie sich neuer Bezüge von Form, Raum und Farbe bedient.

Reduktionismus – wissenschaftlich wie künstlerisch – versucht ein komplexes Phänomen zu erklären, indem eine seiner Komponenten auf elementarem Niveau genauer untersucht wird. Das Verstehen von kleinen Bedeutungszusammenhängen ermög-

---

[1] Der Vortrag wurde aus dem Amerikanischen übersetzt und zusammengefasst von Bernhard Haslinger und basiert auf der Grundlage des Buches von Eric R. Kandel (2016). *Reductionism in Art and Brain Science – Bridging the Two Cultures.* New York: Columbia University Press.

licht es, komplexe Fragen höheren Niveaus zu beantworten. Durch Reduktion des Figürlichen in der Kunst wird dem Betrachter ermöglicht, sich auf wesentliche Komponenten im Bild zu konzentrieren. Seine Vorstellungskraft wird auf diese Weise stärker angeregt, als es ein naturalistisches oder detailliert figürliches Bild vermag.

Meine zentrale Prämisse ist, dass reduktionistische Ansätze in Naturwissenschaft und Kunst zwar nicht die gleichen Ziele verfolgen – Naturwissenschaftler nutzen Reduktionismus zum Lösen komplexer Probleme, Künstler nutzen ihn, um im Betrachter neue perzeptive und emotionale Reaktionen anzuregen – jedoch deutliche Analogien aufweisen.

Teil 2: Ein reduktionistischer Ansatz in der Hirnforschung

Wahrnehmung von Kunst: Beginn einer wissenschaftlichen Annährung

Im Auge des Betrachters

Kann der künstlerische Aspekt einer subjektiven kreativen Erfahrung objektiv erforscht werden? Bevor wir beantworten können, wie es sich diesbezüglich mit abstrakter Kunst verhält, ist es notwendig, uns in Erinnerung zu rufen, wie unser Geist auf figürliche Kunst reagiert, die unserer natürlichen Welt näher ist als abstrakte Kunst.

Bedeutende Kunsthistoriker der Wiener Schule wie Alois Riegl, Ernst Kris und Ernst Gombrich beschäftigten sich mit diesem Thema (Riegl, 2000; Kris & Kaplan, 1952; Gombrich & Kris, 1938, 1940; Gombrich, 1982; Kandel, 2012). Riegl betonte dabei einen offensichtlichen, bisher jedoch wenig beachteten psychologischen Aspekt von Kunst, nämlich, dass Kunst ohne die perzeptive und emotionale Beteiligung des Betrachters unvollständig bleibt. Wir als Betrachter kooperieren nicht nur mit dem Künstler, indem wir das zweidimensionale Bild der Leinwand in ein dreidimensionales Bild unserer sichtbaren Welt verwandeln. Wir interpretieren auch auf sehr persönliche Weise, was wir auf der Leinwand sehen und geben dem Gesehenen dadurch individuelle Bedeutung.

Der Kunsthistoriker und spätere Psychoanalytiker Ernst Kris argumentierte, dass jedes aussagekräftige Bild von Natur aus mehrdeutig sei. Der Betrachter reagiert auf diese Mehrdeutigkeit gemäß seiner individuellen Lebenserfahrung. Das Ausmaß der Beteiligung des Betrachters hängt vom Grad der Mehrdeutigkeit im Bild ab. Ein abstraktes Kunstwerk nun, dem es an identifizierbaren Formbezügen fehlt, erfordert weitaus mehr Vorstellungskraft als ein figürliches Werk. Möglicherweise ist das der Grund, warum sich manche Menschen in der Auseinandersetzung mit abstrakter Kunst schwer tun.

Das Problem der inversen Optik:
Intrinsische Grenzen der visuellen Wahrnehmung

Ernst Gombrich ergänzt Kris' Auffassung und verstand so ein grundlegendes Prinzip der Hirnfunktion: Unser Gehirn ergänzt und komplettiert die von unseren Augen vermittelten, unvollständigen Informationen über die Außenwelt. Die Retina wandelt das Bild der Außenwelt in Linien und Konturen beschreibende elektrische Signale um. Während diese Signale durch das Gehirn geleitet werden, werden sie recodiert und – basierend auf bestimmten Regeln und früheren Erfahrungen – rekonstruiert und schließlich erst in das von uns wahrgenommene Bild verwandelt.

Der Londoner Kognitionspsychologe Chris Frith schreibt:

>»Was ich wahrnehme, sind nicht die unscharfen mehrdeutigen Informationen der äußeren Welt, die auf meine Augen, Ohren und Finger treffen. Was ich wahrnehme, ist wesentlich umfas-

sender: es ist ein Bild, das all diese unscharfen Signale mit dem Reichtum vergangener Erfahrung kombiniert. Unsere Wahrnehmung der Welt ist eine Fantasie, die sich mit der Realität deckt« (Frith, 2007).

Wie ist es nun möglich, dass wir überraschenderweise alle das gleiche Bild wahrnehmen? Hermann von Helmholtz, Arzt und Physiker des 19. Jahrhunderts, stellte fest (Adelson, 1993), dass wir dieses Problem unter Einschluss zweier zusätzlicher Informationsquellen lösen: bottom-up Informationen und top-down Informationen. Top-down geht vom Abstrakten, Allgemeinen schrittweise hin zum Konkreten (Deduktion), bottom-up bezeichnet die umgekehrte Richtung (Induktion).

Bottom-up Information wird durch universelle Prozesse geleitet, die zum Großteil von Geburt an aufgrund der biologischen Evolution vorhanden sind und uns erlauben, Schlüsselelemente von Bildern der physischen Welt zu extrahieren, zum Beispiel Konturen, Überschneidungen von Linien und Verknüpfungen. Trotz inkompletter Information und potenzieller Widersprüche können selbst kleine Kinder Bilder ziemlich genau interpretieren. Auch Babys können über diesen Weg sehr früh menschliche Gesichter wahrnehmen. Bottom-up Wahrnehmung ist daher eine angeborene Wahrnehmung, sozusagen eine Prägung des sensorisch kognitiven Systems.

Top-down Information bezieht sich auf kognitive Einflüsse und mentale Funktionen höherer Ordnung, beispielsweise Aufmerksamkeit, Bilder, Erfahrung, erlernte visuelle Assoziation. Top-down Information stellt ein Bild in einen persönlichen psychologischen Zusammenhang, wodurch für unterschiedliche Menschen unterschiedliche Bedeutungen entstehen (Gilbert, 2013b; Albright, 2013). Top-down Verarbeitung kann auch Komponenten der visuellen Wahrnehmung unterdrücken, die wir unbewusst für irrelevant halten. Die kreative und aktive Beteiligung des Betrachters, die Kris beschrieb, hängt im Wesentlichen vom top-down Prozess ab.

Unsere Wahrnehmung verknüpft also Informationen, die unser Gehirn von der Außenwelt erhält, mit unserem Wissen aus früher gelernten, im Gedächtnis gespeicherten Erfahrungen. Wir ergänzen dieses Wissen, das nicht notwendigerweise im Entwicklungsprogramm unseres Gehirns vorkommt, zu jedem wahrgenommenen Bild, das wir sehen. Wenn wir also ein Kunstwerk betrachten, so setzen wir es in Beziehung zu unserer gesamten im Gedächtnis gespeicherten Lebenserfahrung der physischen Welt: Menschen, die wir gesehen haben und kennen, Umgebungen, in denen wir lebten, genauso wie Erinnerungen an Kunstwerke, die wir früher betrachtet haben. Um zu sehen, was durch die Farbe auf einer Leinwand dargestellt wird, müssen wir im Voraus wissen, welche Art von Bild wir in einem Gemälde erwarten könnten.

Der biologische Hintergrund der Partizipation des Bildbetrachters

Visuelle Wahrnehmung und bottom-up Verarbeitung in der Kunst

Wie wird nun unsere visuelle Wahrnehmung durch das Hirn verarbeitet? Wie werden mittels bottom-up Prozessen verarbeitete sensorische Signale durch top-down Prozesse modifiziert?

Wenden wir uns zunächst dem bottom-up Prozess zu. Unsere Augen geben uns keine letztgültige Information zu einem gesehenen Objekt. Unser Gehirn komplettiert das Bild, das auf unvollständigen Informationen der Außenwelt beruht, durch Assoziation von Erfahrung.

Wie macht unser Gehirn das? Ein dominantes Organisationsprinzip eines jeden mentalen Prozesses – perzeptiv, emotional oder motorisch – ist, dass es bestimmte Gruppen spezialisierter neuronaler Kreisläufe gibt, die sich in geordneten, hierarchischen Arrangements in bestimmten Hirnregionen befinden.

Interaktion von Sehen und Berührung und die Auslösung von Gefühlen

Die moderne Hirnforschung hat bestimmte Regionen des Gehirns identifiziert, die sowohl auf visuelle Informationsverarbeitung spezialisiert sind als auch durch Berührung aktiviert werden (Lacey & Sathian, 2012). Eine besonders wichtige Region, die sowohl auf Sehen als auch auf Fühlen eines Objektes reagiert, liegt im lateralen okzipitalen Cortex. Die Textur eines Objektes aktiviert Zellen in einer benachbarten Region des Gehirns, dem medialen okzipitalen Cortex, egal ob das Objekt nun durch das Auge oder die Hand wahrgenommen wird (Sathian et al., 2011). Diese Beziehung erklärt vermutlich auch, warum wir problemlos unterschiedliche Objektmaterialien, wie z. B. Haut, Stoff, Holz oder Metall allein durch genaues Hinschauen identifizieren und unterscheiden können (Hiramatsu et al., 2011).

Wenn wir zum ersten Mal ein Gemälde oder Kunstobjekt betrachten, so verarbeitet unser Gehirn zunächst nur die rein visuelle Information. Kurz darauf kommen zusätzliche Informationen ins Spiel, die durch andere Sinne verarbeitet werden. Dies führt zu einer multisensorischen Repräsentation des Objekts in höheren Hirnregionen. Indem nun visuelle Informationen mit Informationen anderer Sinne verknüpft werden, sind wir in der Lage, verschiedene Materialien zu kategorisieren (Hiramatsu et al., 2011). Tatsächlich ist die Wahrnehmung der Textur, die sowohl für Jackson Pollocks wie auch Willem de Koonings Gemälde so zentral ist, eng mit der visuellen Diskrimination verknüpft sowie mit Assoziationen in höheren Hirnregionen (Sathian et al., 2011), denen starke und effektive Verarbeitungsmechanismen für Bilder mit Oberflächenstruktur zur Verfügung stehen. Um Kunst umfassend erleben zu können, ist es für das Gehirn wesentlich, Informationen verschiedener Sinne miteinander zu kombinieren.

Zusätzlich zu ihrer Interaktion miteinander sind Seh- und Tastsinn, allein sowie in Kombination, in der Lage, die emotionalen Systeme des Gehirns anzuregen. Diese bestehen aus der

Amygdala, die die Gefühle orchestriert, dem Hypothalamus, der uns unsere Gefühle spürbar macht, und dem dopaminergen modulierenden System, das die Gefühlswahrnehmung steigert.

Die Biologie des Lernens und des Gedächtnisses

Top-down Prozesse in der Kunst

Kann in der Neurobiologie ein reduktionistischer Ansatz dazu beitragen, etwas so Komplexes wie das Gehirn zu verstehen? Und kann Reduktionismus erklären, wie unsere erlernten Erfahrungen und visuellen Assoziationen unsere Wahrnehmung und unseren Genuss von Kunst beeinflussen (top-down Prozesse)? Um diese Frage zu beantworten, konzentrieren wir uns im Folgenden auf die erlernten Assoziationen von top-down Prozessen und untersuchen dabei drei spezifische Fragen: Wie lernen wir? Wie erinnern wir? Und in welchem Zusammenhang stehen Lernen und Erinnern zu top-down Prozessen, wenn es um unsere Reaktion auf ein Kunstwerk geht?

Eine reduktionistische Annäherung an Lernen und Gedächtnis

Von einer breiteren humanistischen Perspektive aus betrachtet, ist das Erforschen von Lernen und Gedächtnis eine unendlich faszinierende Arbeit, weil es eine der bemerkenswertesten Besonderheiten menschlichen Verhaltens untersucht: Unsere Fähigkeit, neue Ideen aus Erfahrung zu generieren. Lernen ist der Mechanismus, durch den wir neues Wissen über die Welt erwerben. Das Gedächtnis ist der Mechanismus, durch den wir dieses Wissen über die Zeit behalten. Zu einem Großteil machen uns diese beiden Mechanismen als Individuen aus. Aber Lernen und Gedächtnis spielen noch eine breitere Rolle in der menschlichen Erfahrung. Tiere und Menschen verfügen über nur zwei wesentliche Möglichkeiten, sich über Verhalten an die Umgebung anzupassen: durch die biologische Evolution und durch Lernen. Von diesen beiden ist das Lernen deutlich flexibler und effektiver. Evolutionäre Veränderungen gehen langsam vonstatten, brauchen bei höheren Organismen oft tausende von Jahren. Veränderungen durch Lernen hingegen können deutlich schneller ablaufen und innerhalb der Lebensspanne eines Individuums wiederholt auftreten.

Die biologischen Wissenschaften und die Philosophie befassen sich mit ähnlichen Fragen: Welche Aspekte der Organisation des menschlichen Geistes sind angeboren? Wie gewinnt unser Geist Wissen aus der uns umgebenden Welt? Welche Veränderungen bewirkt das Lernen in neuronalen Netzwerken des Gehirns? Wie ist Erinnerung gespeichert? Und: Einmal gespeichert, wie wird Erinnerung erhalten? Über welche molekularen Schritte wird ein transientes Kurzzeitgedächtnis in ein dauerhaftes Langzeitgedächtnis umgewandelt?

Das Ziel war es nicht, psychologisches Wissen durch die Logik der Molekularbiologie zu ersetzen. Ziel war es vielmehr, an der Synthese von Psychologie und Biologie mitzuwirken und so zu einer neuen Wissenschaft des Geistes zu gelangen, die dem Zusammenspiel von Psychologie und Molekularbiologie gerecht wird.

Wo wird Gedächtnis gespeichert?

1957 wurde durch die Pionierarbeiten von Brenda Milner et al. herausgefunden, dass es zwei wesentliche Arten von Gedächtnis gibt: das explizite, deklarative Gedächtnis für Tatsachen und Ereignisse, Menschen, Plätze und Objekte sowie das implizite, non-deklarative Gedächtnis für Fähigkeiten der Wahrnehmung und Motorik. Das explizite Gedächtnis beschreibt im Allgemeinen alles Bewusste und wird dem Hippocampus zugeordnet. Das implizite Gedächtnis erfordert keine bewusste Aufmerksamkeit und stützt sich auf das Kleinhirn, das Striatum, die Amygdala und bei Nicht-Wirbeltieren auf einfache Reflexbahnen. Das explizite Gedächtnis ist im Cortex repräsentiert, das implizite in einer Vielzahl anderer Hirnregionen. Wir benötigen also den Hippocampus, wenn wir unsere schönsten Erinnerungen abrufen möchten oder ein Kunstwerk betrachten, nicht jedoch, wenn wir Fahrrad fahren.

Wie werden Erinnerungen gespeichert?
Lang- und Kurzzeitgedächtnis

Um zu erforschen, wie Erinnerungen gespeichert werden, war eine molekulare Analyse des Lernens notwendig. Ein Tier, das fast ideal für diese radikale reduktionistische Analyse von Lernen und Gedächtnis erschien, war die große Seeschnecke Aplysia (Kandel, 2001). Durch die Untersuchung dieser Seeschnecke wurde klar, dass Reflexe durch Lernen modifiziert werden können. Ein einmalig stattfindendes Ereignis schafft eine Veränderung, die einige Minuten anhält, mehrere Ereignisse bewirken eine längerfristig anhaltende Erinnerungsspur. Übung macht den Meister, sogar bei Schnecken!

Ein einzelnes Ereignis aktiviert die Ausschüttung von Serotonin, was innerhalb des sensorischen Neurons eine Kettenreaktion aktiviert. Dies führt zu einer vorübergehenden Verstärkung der Verbindung zwischen sensorischem und motorischem Neuron. Bei wiederholten Ereignissen wird das Wachstum neuer Verbindungen zwischen sensorischem und motorischem Neuron angeregt (Kandel, 2001; Bailey & Chen, 1983). Diese Verbindungen stellen die Basis des Langzeit-Gedächtnisses dar. Falls Sie nun irgendetwas von dem erinnern werden, was Sie hier lesen, dann deshalb, weil ihr Gehirn im Vergleich zur Situation vor dieser Lektüre leicht verändert sein wird.

Modifikation der funktionellen Hirnarchitektur

Wie wichtig ist nun das Entstehen neuer neuronaler Verbindungen bezüglich der Bildung der funktionalen Hirnarchitektur des Menschen? Bis vor Kurzem wurde vermutet, dass die Repräsentationen auf der kortikalen Kartografie starr und fixiert seien. Mittlerweile wissen wir, dass kortikale Repräsentationen stetigen Modifikationen unterworfen sind. Modifikationen entstehen durch Aktivität in den Leitungsbahnen, die von den verschiedenen Sinnesorganen zum Gehirn führen.

Die Modifikationsmöglichkeiten des Gehirns hängen von der Aktivität und vom Lebensalter ab. Je früher ein Mensch eine Erfahrung macht, desto sensitiver ist sein Gehirn für Modifikationen durch diese Erfahrung. Da wir alle unter verschiedenen Umweltbedingungen aufgewachsen sind, dadurch unterschiedlichen Reizen ausgesetzt waren, unterschiedliche Dinge gelernt und verschiedene motorische und perzeptive Fähigkeiten haben, ist demzufolge unsere Hirnarchitektur jeweils individuell modifiziert. Wir alle haben ein leicht unterschiedliches Gehirn, weil wir verschiedene Lebenserfahrungen haben. Selbst eineiige Zwillinge mit identischen Genen haben aufgrund ihrer jeweils individuellen Lebenserfahrungen unterschiedliche Gehirne. Diese differierende Modifikation unserer Hirnarchitektur stellt zusammen mit unserer jeweiligen genetischen Veranlagung die biologische Grundlage unserer Individualität dar.

Das bedeutet auch, dass wir auf Kunst unterschiedlich reagieren. Wie wir gesehen haben, hängt unsere Wahrnehmung von Kunst nicht nur von angeborenen bottom-up Prozessen ab, sondern auch von top-down Assoziationen und vom Lernen. Beide werden durch Modifikationen der synaptischen Verknüpfungen vermittelt.

Top-down Prozesse in der Kunst

Der reduktionistische Ansatz in der Hirnforschung zeigte, dass Lernen zu Veränderungen in der Stärke neuronaler Verbindungen führt. Diese Erkenntnis gab uns erste Hinweise darauf, wie top-down Verarbeitung wirkt. Erlernte visuelle Assoziationen schlagen sich im inferioren temporalen Cortex, einer Hirnregion, die mit dem Hippocampus interagiert, nieder, welcher wiederum für den bewussten Rückgriff auf Erinnerungen zuständig ist. So wird auch unsere starke emotionale Reaktion auf Farbe und Gesichter verständlich, da der inferiore temporale Cortex sowohl mit dem Hippocampus als auch mit der Amygdala, die die Gefühle auslöst, verschaltet ist.

Indem sie Bilder auf Form, Farbe und Licht reduziert, aktiviert abstrakte Kunst deutlich mehr die top-down Prozessverarbeitung und weckt so wesentlich stärker Emotionen, Vorstellungskraft und Kreativität. Die Hirnforschung bietet uns das Potenzial, ergänzende Einblicke in die Bedeutung der top-down Wahrnehmung in der Kunst sowie in die Kreativität des Betrachters zu entwickeln.

Wenden wir uns nun aber der Kunst zu. Auch hier werden, bewusst oder unbewusst, eine Vielzahl an reduktionistischen Strategien auf völlig unterschiedliche Weise verwendet.

Teil 3: Ein reduktionistischer Ansatz in der Kunst

Reduktionismus in der Entstehung der abstrakten Kunst

Ein Künstler nutzt reduktionistische Strategien, um sich auf Form, Linie, Farbe und Licht zu konzentrieren. Einer der ersten Künstler, der die Reduktion auf Details nutzte und vom Figürlichen zur Abstraktion wechselte, war William Turner, einer der berühmtesten britischen Künstler Ende des 18. Jahrhunderts. Im Laufe seiner Karriere verzichtete er zunehmend auf figurative Elemente in seiner Malerei, was sie zur Quelle gesteigerter Assoziationen im Betrachter werden ließ.

Die ersten abstrakten Bilder

Zu Beginn der Entwicklung der abstrakten Kunst nahmen Künstler vielfach Analogien zwischen ihrer Kunst und der Musik wahr.

Der französische Poet Charles Baudelaire erkannte, dass alle Sinne auf einer tieferen ästhetischen Ebene miteinander verbunden sein müssen. Sehr interessant in diesem Zusammenhang ist, dass das früheste, wirklich abstrakte Gemälde von einem Pionier der abstrakten Musik, Arnold Schönberg, gemalt wurde.

Mondrian und die radikale Reduktion des figurativen Bildes

Vielleicht der radikalste Reduktionist der frühen abstrakten Künstler war der niederländische Maler Piet Mondrian. Er war der Erste, der ein Kunstwerk nur rein aus Linien und Farbe schuf. Er reduzierte ein bestimmtes Objekt, etwa einen Baum, auf ein paar Linien und stellte diese in Beziehung zu dem sie umgebenden Raum. Seine Art des Reduktionismus war radikaler als die der Kubisten, die noch mit einfachen Formen und dekonstruierter Perspektive spielten. Mondrian reduzierte die Figuren auf ihre elementarsten Formen, indem er auf jegliche Perspektive verzichtete. Er entwickelte eine neue Sprache der Kunst, die auf einfachen geometrischen Formen basierte. Indem er das Bild von konkretem Inhalt befreite, ermöglicht er dem Betrachter, seine individuelle, sehr persönliche Wahrnehmung des Bildes zu entdecken.

1959 entdeckte die Neurowissenschaft eine wichtige biologische Grundlage für Mondrians reduktionistische Sprache. David Hubel und Torsten Wiesel erforschten an der Johns Hopkins Universität und später in Harvard, dass jede Nervenzelle des primären visuellen Cortex auf einfache Linien und Ecken mit spezifischer Orientierung reagiert, seien sie nun horizontal, vertikal oder schräg. Diese Linien bilden Blöcke von Formen und Konturen. Schließlich fassen höhere Hirnregionen diese Ecken und Winkel zu geometrischen Formen zusammen, die wiederum zu Repräsentationen von Bildern im Gehirn werden. Mondrian, der vertikale und horizontale Linien, unter Ausschluss schräger Linien, bevorzugte, mag intuitiv geahnt haben, dass besonders dadurch Neugier und Imaginationskraft des Betrachters angeregt werden. Dies ließ sich später durch Arbeiten von Hubel und Wiesel neurobiologisch belegen.

Die New Yorker Schule der Maler

Die Künstler der New Yorker Schule waren stilistisch sehr unterschiedlich, hatten aber das gemeinsame Ziel, neue Formen der Abstraktion zu entwickeln und damit Kunst zu schaffen, die stark emotional und expressiv auf den Betrachter wirkt. Viele Künstler waren durch die Surrealisten und deren Ideal inspiriert, Kunst müsse aus dem Unbewussten kommen. Im Gegensatz zu Mondrian kombinierten Willem de Kooning und Jackson Pollock ihre Reduktion des Figürlichen mit einem reichhaltigen malerischen Hintergrund.

De Kooning und die Reduktion des Figürlichen

Eines der wichtigsten Werke von Willem de Kooning ist *Woman I* (1950–1952), das eine vampirische, korpulente Frau abbildet, eingebettet in Abstraktion. Es stellt eine zeitgenössische amerikanische Frau mit Zahnpastalächeln, High Heels und gelbem Kleid dar (Gray, 1984; Stevens & Swan, 2005). *Woman I* wird in der Kunstgeschichte bis heute als eine der am meisten beängstigenden und verstörenden Darstellungen einer Frau gesehen. In diesem Gemälde schafft de Kooning, der von einer missbrauchenden Mutter großgezogen wurde, ein Bild, das verschiedene archetypische Dimensionen des ewig Weiblichen zeigt: Fruchtbarkeit, Mutterschaft, aggressive sexuelle Kraft und Brutalität – primitive Erdmutter und *femme fatale* zugleich. Mit dieser Darstellung, charakterisiert durch Fangzähne und riesige Augen, die die Form der enormen Brüste aufgreifen, schuf de Kooning eine neue Synthese des Weiblichen. Es ist interessant, dieses Bild mit der ältesten erhaltenen Plastik einer Fruchtbarkeitsgöttin sowie auch Gustav Klimts modernem Blick auf weibliche Erotik zu vergleichen. Die Venus vom Hohlefels wurde 35.000 v. Chr. aus einem Mammutzahn geschnitzt. Sie ist gesichtslos und repräsentiert die grobe Überzeichnung einer weiblichen Figur, die reduziert ist auf die Merkmale Fruchtbarkeit und Schwangerschaft durch die Übertreibung von Brüsten, Bauch und Genital. Dieser Skulptur fehlt die Aggression und Brutalität von de Koonings Werk. Die thematische Verknüpfung von Erotik und Aggressionen erscheint erst später in der westlichen Kunst. Deutlich ist dies zum Beispiel in Gustav Klimts verführerischer, schöner Judith zu sehen, die er 1901 malte. In seinem Gesamtwerk zeigt Klimt, dass Frauen und Männer ein breites Spektrum sexueller Emotionen erleben können und veranschaulichte, dass diese Emotionen oft miteinander verschmelzen.

Hirnforscher (Anderson, 2012) untersuchten die Fusion von Aggression und Sexualität, die Klimt und de Kooning darstellten, und fanden einige der biologischen Grundlagen für diese beiden zunächst widersprüchlich erscheinenden emotionalen Zustände heraus.

Die Amygdala orchestriert Emotionen und kommuniziert mit dem Hypothalamus, der Region, die Nervenzellen beinhaltet, die instinktives Verhalten, wie z. B. Elternschaft, Ernährung, Paarung, Angst- und Kampfverhalten, gewährleisten. David Anderson vom California Institute of Technology entdeckte ein Neuronencluster im Hypothalamus, das zwei unterschiedliche Populationen von Neuronen beinhaltet (Anderson, 2012): Eine Population, die die Aggression reguliert, und eine, die die Paarung reguliert. 20% der Neuronen waren an der Grenze der beiden Populationen lokalisiert und während der beiden emotionalen Zustände aktiv. Dies legt nahe, dass die Hirnkreisläufe, die diese beiden Verhaltensweisen regulieren, eng miteinander verschaltet sind. Wie können nun zwei sich gegenseitig ausschließende Verhaltensweisen, Paarung und Kampf, von derselben Neuronenpopulation vermittelt werden? Anderson fand heraus, dass der Unterschied von der Intensität des Stimulus abhängt:

Ein schwacher Stimulus, zum Beispiel während des sexuellen Vorspiels, aktiviert die Paarungsbereitschaft, währenddessen ein starker Stimulus, wie zum Beispiel Gefahr, die Aggression aktiviert.

Die Abstraktion des Figürlichen erlaubte de Kooning mehr emotionale und konzeptuelle Komponenten in das Werk aufzunehmen: Wut, Schmerz, Liebe und seine Ideen über Raum. Auge und Geist des Betrachters werden auch weiterhin dazu angeregt, die Oberfläche der Leinwand zu untersuchen, ihre Textur zu empfinden und in das stimulierende Spiel zwischen Vordergrund und Hintergrund einzutreten.

Bernard Berenson (2009), ein Kunsthistoriker, stellte fest, dass es das Wesentliche der Malerei sei, unser Bewusstsein durch taktile Werte zu stimulieren und so durch Textur und Ecken unsere taktile Vorstellungskraft ähnlich intensiv anzuregen, wie es ein dargestelltes dreidimensionales Objekt tun könnte. Er fährt fort, dass die reduzierten Elemente der Form – Volumen, Wölbung und Textur – grundlegende Elemente unseres ästhetischen Genusses von Kunst seien. Er bezieht sich dabei auf die Anregung taktiler Sensibilität durch Illusionen, wie etwa Schattierungen und Verkürzung in früheren Epochen der Kunst. Wenn wir ein Werk von de Kooning betrachten, wird unsere visuelle Wahrnehmung im Hirn übersetzt in eine Wahrnehmung von Berührung durch die dreidimensionale Oberfläche der Farbe selbst (Hinojosa, 2009). Auf diese Weise kann die Abstraktion eines visuellen Elements, in Kombination mit einem ebenfalls visuell ausgelösten taktilen Reiz, unsere ästhetische Resonanz sogar noch verstärken.

Pollock und die Dekonstruktion der Staffeleimalerei

Es war Jackson Pollock, der als erster das Figürliche vollständig verließ. Nach 1940 arbeitete Pollock in seinen Werken ausschließlich abstrakt und um 1950 entwickelte er eine neue Methode der Malerei, die die abstrakte Kunst revolutionieren sollte: Er nahm die Leinwand von der Wand, legte sie auf den Boden und schüttete und tropfte Farbe darauf, die er mit Pinseln und Stöcken verteilte. Er malte sozusagen räumlich, lief dabei über die Leinwand und arbeitete ganz konkret »im Bild« (Karmel, 2002). Er nannte diese radikale Herangehensweise *action painting*, im Zentrum stand der Akt des Malens. Auch wenn es schwer fällt, auf den ersten Blick reduktionistische Ansätze im Werk Pollocks zu finden, so verließ er doch die traditionelle Komposition und verzichtete auf Schwerpunkte oder erkennbare Objekte. Auch fehlt das zentrale Motiv, weshalb die Werke unser peripheres Sehen verstärken. Unsere Augen sind ständig in Bewegung, kein Blick kann fokussieren. Aus diesem Grund empfinden wir diese Malerei vital und dynamisch.

Wie Freud Jahre zuvor bemerkt hatte, ist die Sprache des Unbewussten gelenkt von primärprozesshaftem Denken, welches sich vom sekundärprozesshaften Denken dadurch unterscheidet, dass es kein Verständnis für Zeit und Raum gibt und Widersprüche wie Irrationales akzeptiert werden. Indem er eine bewusste Form zu einer unbewussten Tropftechnik reduzierte, bewies Pollock bemerkenswerten Einfallsreichtum und Originalität.

Pollock schien intuitiv verstanden zu haben, dass das visuelle Gehirn als Instrument für Mustererkennung spezialisiert ist. Es extrahiert bedeutungsvolle Muster aus der Information der Außenwelt, selbst wenn diese starke Artefakte aufweist. Dieses psychologische Phänomen wird *Pareidolie* genannt und meint, dass ein vager, zufälliger Stimulus als bedeutend wahrgenommen wird. Auf diese Weise stellt uns Pollocks Werk eine tiefgründige Frage: Wie überführen wir Zufälligkeit in Ordnung? Dies geschieht durch kognitive top-down Prozesse, die helfen, das Level an Unbestimmtheit zu reduzieren (Tversky & Kahnemann, 1992). Pollock schuf auch dadurch taktile Reize, indem er mehrere Farbschichten übereinander, dicke Farbe aus einer Tube auf die Leinwand drückte und seinen Werken so beinahe dreidimensionale skulpturale Qualität verlieh.

Wie das Gehirn abstrakte Bilder verarbeitet und wahrnimmt

Warum figürliche Kunst, wie zum Beispiel Porträtkunst, eine besonders starke Wirkung auf uns hat, liegt u. a. daran, dass unserem Gehirn eine mächtige bottom-up Struktur zur Verfügung steht, Szenen, Objekte und vor allem Gesichter und Gesichtsausdrücke zu verarbeiten. Unser Gehirn reagiert stärker auf übertriebene, karikierte Darstellungen von Gesichtern, wie sie zum Beispiel die Expressionisten verwendeten, als auf naturgetreue. Wie nun aber reagieren wir auf abstrakte Kunst? Welche Teile unseres Gehirns ermöglichen es uns, Malerei wahrzunehmen und zu verarbeiten, deren figürliche Inhalte radikal reduziert oder eliminiert wurden? Die Idee von Ernst Kris ist dabei zentral: Jeder von uns nimmt dasselbe Kunstwerk ein wenig anders wahr. Das Betrachten eines Kunstwerkes führt so also zu einem individuellen kreativen Prozess im Betrachter.

Wir müssen zunächst unterscheiden zwischen Empfindung, die mehr in Bezug zu bottom-up Prozessen steht, und Wahrnehmung, die mehr verknüpft ist mit top-down Prozessen.

Empfindung und Wahrnehmung

Empfindung ist die unmittelbare biologische Konsequenz nach Stimulation eines Sinnesorgans, wie zum Beispiel der Fotorezeptoren unserer Augen. Wahrnehmung dagegen integriert die Information, die unser Gehirn von der äußeren Welt aufnimmt, mit dem Wissen, das auf Lernen von früheren Erfahrungen basiert. Beim Sehen beispielsweise ist die Wahrnehmung der Prozess, bei dem reflektiertes Licht mit einem Bild der Umgebung verknüpft, vom Gehirn verstetigt und dadurch kohärent wird, dass das Gehirn ihm Bedeutung, Nützlichkeit und Wert beimisst. Ein bedeutendes Charakteristikum von Wahrnehmung ist die Auslösung von Assoziationen durch einen bestimmten Sinnesreiz. Assoziationen stellen einen notwendigen Kontext her, um die allen Empfindungen innewohnende Mehrdeutigkeit individuell aufzulösen (Albright, 2015) und, wie Kris bemerkte, auch die allen Kunstwerken innewohnende Mehrdeutigkeit. Der amerikanische Philosoph William James beschreibt die Unterscheidung zwischen Empfindung und Wahrnehmung folgendermaßen: Wahrnehmung unterscheidet sich von Empfindung dadurch, dass sie das Bewusstsein früherer Tatsachen bündelt und mit dem Objekt, das die Empfindung auslöst, assoziiert (James, 1890).

Die Unterscheidung zwischen Empfindung und Wahrnehmung ist das zentrale Problem des Sehens (Albright, 2015). Empfindung ist physiologisch, optisch und betrifft allein die Augen, Wahrnehmung hingegen stellt einen integrativen Prozess komplexer neuronaler Netzwerke dar und betrifft das gesamte Gehirn.

Albright und Gilbert entdeckten, dass top-down Prozesse das Ergebnis einer entscheidenden Berechnung im Gehirn sind, bei der Gehirnzellen kontextuelle Informationen nutzen, um eingehende sensorische Informationen, zum Beispiel die eines Kunstwerks, in innere Repräsentationen oder Wahrnehmungen umzuwandeln (Albright, 2015; Gilbert, 2013b). Wo genau im Gehirn tritt diese synaptische Verstärkung auf, die an top-down Prozessen beteiligt ist? Vielfache Hinweise legen nahe, dass die Speicherung von assoziativen Langzeiterinnerungen im inferioren temporalen Cortex dafür verantwortlich ist, eine Region also mit direkter Verbindung zum Hippocampus.

Wenn wir nun ein Kunstwerk betrachten, interagieren Informationen aus verschiedenen Quellen mit den ankommenden Lichtmustern und bilden infolgedessen unsere perzeptive Erfahrung dieses Werkes. Viele Informationen im Gehirn werden von bottom-up Prozessen zur Verfügung gestellt. Wichtige Informationen werden aber auch von Erinnerungen früherer Begegnungen mit der visuellen Welt hinzugefügt. Die Erinnerungen an frühere Erfahrungen mit Kunstwerken ermöglichen uns, auf Ursache, Kategorie, Bedeutung, Nützlichkeit und Wert von Bildern zu schließen, die sich auf unserer Retina abbilden.

Zusammenfassend kann man sagen, dass wir für gewöhnlich die Mehrdeutigkeit eines retinalen Bildes auflösen können, indem unser Gehirn einen Kontext zum Geschehen herstellt. Abstrakte Kunst beruht auf der Annahme, dass einfache, oft grob gezeichnete Elemente ausreichen, um eine perzeptive Erfahrung zu triggern, die dann durch den Betrachter assoziativ umfassend komplettiert wird. Ergebnisse der Hirnforschung legen nahe, dass diese Vervollständigung der Wahrnehmung durch Projektion hochspezifischer top-down Signale in den visuellen Cortex erfolgt. Der abstrakte Künstler versucht nicht, konkrete figürliche Details zu liefern, sondern schafft vielmehr Bedingungen, die den Betrachter in die Lage versetzen, das Bild je nach individueller Erfahrung zu vervollständigen.

Die Assimilation von Neuem – die Rekrutierung von top-down Prozessen als Teil der kreativen Rekonstruktion eines Bildes im Betrachter – ist so lustvoll, weil sie unser kreatives Selbst stimuliert und zur positiven Erfahrung beiträgt, die abstrakte Kunst im Betrachter erlebbar macht.

Vom Figürlichen zur Farbabstraktion

Rothko und die Abstraktion der Farbe

Während Piet Mondrian die Malerei auf Linie und Farbe reduzierte, Willem de Kooning sie um Bewegung und taktile Sensibilität erweiterte und Pollock den bloßen Akt der Kreativität ins Zentrum rückte, reduzierte zum Beispiel Marc Rothko seine Malerei allein auf die Farbe. Rothko war ein Pionier der Farbfeldmalerei. Er dehnte weite Bereiche einer mehr oder weniger flächigen, einzelnen Farbe über die Leinwand aus und schuf so nahezu schwerelos schwebende Flächen ungebrochener Farbe. Er sagte selbst, nur durch das Wegdrängen der Farbbegrenzung, die Abstraktion und Reduktion kann der Künstler ein Bild erschaffen, das von konventionellen Farb- und Form-Assoziationen befreit ist und dem

Gehirn des Betrachters erlaubt, neue Ideen zu entwickeln, Assoziationen und Beziehungen zu knüpfen und neue emotionale Erfahrungen zu machen. Rothko sagte: »Ein Gemälde ist nicht das Bild einer Erfahrung. Es ist eine Erfahrung« (Breslin, 1993).

Die emotionale Kraft der Farbfeldmalerei

Beide Zweige des abstrakten Expressionismus, *action painting* und Farbfeldmalerei, nutzen die Trennung von Form und Farbe. Beide geben bewusst die Form auf, um Linie und Farbe zu betonen. Obwohl in den Werken der Farbfeldmalerei die wiedererkennbaren Formen akademischer Gemälde fehlen, übt ihre spannungsgeladene Farbpalette eine enorme emotionale Kraft aus. Farbfeldmalerei erzeugt perzeptive und emotionale Effekte, indem sie Assoziationen im Gehirn des Betrachters hervorruft, die in Beziehung zu bestimmten Farben stehen.

Farbe und Gehirn

Moderne abstrakte Kunst basiert auf zwei großen Fortschritten: der Befreiung von Form und der Befreiung von Farbe.

Farbsehen

Das Farbsehen ist notwendig für die basale visuelle Diskrimination. Es ermöglicht uns, Muster zu entschlüsseln, die ansonsten unbemerkt blieben, und schärft, gemeinsam mit entsprechenden Abstufungen der Helligkeit, den Kontrast innerhalb verschiedener Bildkomponenten. Nur mit Farbe allein, ohne irgendeine Helligkeitsvariation, wäre das menschliche Sehen in der Wahrnehmung räumlicher Details erstaunlich eingeschränkt.

Unser Gehirn assoziiert Farben mit unterschiedlichen emotionalen Eigenschaften. Außerdem variiert unsere Reaktion auf Farben abhängig vom situativen Kontext und unserer momentanen Stimmung. Daher ist, ähnlich der gesprochenen Sprache, die stets, auch unabhängig vom jeweiligen inhaltlichen Kontext, eine emotionale Bedeutung hat, die Farbe größtenteils ein Trigger für einen gesteigerten top-down Prozess. Die gleiche Farbe kann für unterschiedliche Menschen unterschiedliche Bedeutung haben, aber auch – je nach situativem Kontext und Stimmung – unterschiedliche Bedeutungen für dieselbe Person.

Farbe und Emotion

Die neurobiologische Erklärung der intensiven emotionalen Reaktion, die Farbe beim Betrachten eines Kunstwerks hervorruft, liegt in den Verschaltungen des visuellen Systems mit anderen Hirnsystemen begründet. Der inferiore temporale Cortex, der für Farb- und Gesichtswahrnehmung zuständig ist, ist direkt mit dem Hippocampus (Gedächtnis) und der Amygdala (Emotionen) verbunden.

Farbe ist ein wichtiges Charakteristikum von Objekten. Untrennbar ist sie zusätzlich mit anderen Attributen wie Helligkeit, Form und Bewegung verbunden. In einem weiteren Sinne muss unser Gehirn Wissen über die permanenten, wesentlichen Objekteigenschaften erwerben und das in einer sich ständig verändernden Welt (Meulders, 2012). Dafür muss das Gehirn alle zeitlichen Änderungen von unnötigen Objektcharakteristika subtrahieren. Farbwahrnehmung ist ein Beispiel dafür, wie unser Gehirn das erreicht. In der Farbwahrnehmung eines Objekts spielt unter anderem die Umgebung eine bedeutende Rolle. Diese hängt wiederum von Helligkeit, Kontrast und Wellenlänge des Lichts ab.

Fokus auf Licht

Einige Künstler entschieden sich, ihre Kunst ausschließlich durch Licht und Farbe oder einfach nur durch Licht zu gestalten. Die

Arbeiten transformieren den gesamten Ausstellungsraum, der Betrachter wird physisch quasi umfangen durch die ihn mit Licht umgebende Kunst, die zudem häufig auch halluzinogene Effekte hervorruft. Vertreter sind Dan Flavin und James Turell.

Teil 4: Der beginnende Dialog zwischen abstrakter Kunst und Wissenschaft

Warum Reduktionismus in der Kunst Erfolg hat

Die Künstler der New Yorker Schule hatten Erfolg in der Reduktion der komplexen visuellen Welt auf Form, Farbe und Licht. Diese Herangehensweise kontrastiert drastisch mit der Kunstgeschichte der westlichen Welt von Giotto und der florentinischen Renaissance bis hin zu Monet und den französischen Impressionisten. Wir stehen aktuell erst in einem frühen Stadium des Verstehens der biologischen Grundlagen unserer Rezeption von Kunst, aber es gibt einige Hinweise, warum abstrakte Kunst eine so lebendige, kreative und bereichernde Wirkung im Betrachter hervorrufen kann. Auch stellt sich die Frage, warum es gerade durch Reduktion des Komplexen gelingt, die wesentlichsten und kraftvollsten Aspekte von Kunst zu kondensieren und warum dadurch manchmal ein nahezu spiritueller Zustand im Betrachter entsteht.

Ein Grund könnte sein, dass einige abstrakte Werke durch ihre Reduktion des Figurativen, der Farbe und des Lichts sehr schlicht sind. Selbst wenn ein abstraktes Werk dicht gestaltet ist, wie zum Beispiel ein *action painting* von Pollock, bezieht es sich meistens nicht auf einen externen Wissensrahmen. Jedes Werk ist höchst mehrdeutig, ähnlich großer poetischer Werke, und jedes konzentriert unsere gesamte Aufmerksamkeit auf das eigentliche Werk, ohne Bezug auf Menschen oder Objekte der äußeren Umgebung. Wir projizieren unsere individuellen Eindrücke, Erinnerungen, Motivationen und Gefühle auf die Leinwand.

Es verhält sich hier ähnlich, wie bei einer psychoanalytischen Übertragung, in der der Patient eine Wiederholung von Erfahrungen mit Eltern oder anderen wichtigen Beziehungspartnern auf den Therapeuten projiziert.

Die Vermutung, dass abstrakte Kunst uns erlaubt, die eigenen Fantasien auf die Leinwand zu projizieren ohne Einschränkung durch das, was Rothko die »übliche Identität der Dinge« nennt, wirft eine weitere Frage auf: Wie unterscheidet sich unsere Reaktion auf abstrakte Kunst zu der auf figurative Kunst? Was bewirkt abstrakte Kunst im Betrachter?

Die neuen Regeln der abstrakten Kunst im visuellen Prozess

Bottom-up und top-down Prozesse haben nicht gleichermaßen die Beteiligung des Betrachters in der westlichen Kunstgeschichte beeinflusst. Dies wird deutlich, wenn wir die Rezeption eines Bildes der Renaissance mit der eines abstrakten Bildes vergleichen. Ein Bild der Renaissance fordert unser Gehirn und unsere Kreativität nicht annähernd in dem Maße heraus, vor allem den Anteil von top-down Prozessen bei der Rezeption, wie ein Werk abstrakter Kunst, das nicht den Regeln unseres Gehirns bezüglich Perspektive, Farbe und Form entspricht.

Tatsächlich können wir sagen, dass die Experimente klassischer Künstler bezüglich Perspektive, Licht und Form von Giotto und anderen frühen figürlichen westlichen Malern bis hin zu den Impressionisten, den Fauvisten und Expressionisten intuitiv dem Rechenprozess folgen, der bottom-up Prozesse auf den Plan ruft. In der abstrakten Kunst kommen die einzelnen Elemente nicht als visuelle Objekt-Reproduktionen vor, sondern als Referenzen oder Hinweise darauf, wie wir Objekte konzeptualisieren. Stimuli für bottom-up Prozesse im Kunstwerk werden von abstrakten Künstlern sukzessive abgebaut, indem auf Perspektive und konkrete Objekte verzichtet wird.

Abstrakte Kunst stellt deswegen für den Betrachter eine so enorme Herausforderung dar, weil sie uns lehrt, auf gänzlich neue Weise Kunst zu betrachten und so – im erweitertem Sinne – die Welt selbst neu zu betrachten. Abstrakte Kunst zwingt unser visuelles System zum Interpretieren eines Bildes, das sich fundamental von den üblichen Bildern unterscheidet, die unser Hirn zur Rekonstruktion bereit hält und zu sehen gewohnt ist. Albright (persönliche Mitteilung) bemerkt hierzu, »wir suchen verzweifelt nach Assoziationen weil unser Überleben von der Wiedererkennung abhängt. In Abwesenheit deutlicher figurativer Hinweise schaffen wir uns neue Assoziationen«. Der Philosoph David Hume (1910) machte eine ähnliche Bemerkung: »Die kreative Kraft unseres Geistes ist nicht mehr als die Fähigkeit, das von den Sinnesorganen und der Erfahrung gelieferte Informationsmaterial zusammenzusetzen, zu übertragen, zu vermehren oder zu vermindern.«

Der Betrachter als kreativer Zuschauer

Abstrakte Künstler wie Mondrian, Rothko und Morris Louis verstanden intuitiv, dass visuelle Wahrnehmung ein elaborierter mentaler Prozess ist, und experimentierten intensiv damit, auf vielfältige Weise die Aufmerksamkeit und Wahrnehmung des Betrachters zu erregen. Dies veränderte für immer die Art und Weise, wie Künstler die Welt abbilden und somit auch, wie der Betrachter sich einem Kunstwerk nähert: durch freie Assoziation, angeregt durch Farbtupfer, Licht und Linien verschiedener Orientierung.

Folglich formuliert die abstrakte Kunst, zuvor der Kubismus, was wahrscheinlich in der Kunstgeschichte die radikalste Herausforderung für die Wahrnehmung des Betrachters darstellt: Sie fordert ihn heraus, primärprozesshaft zu denken – in der Sprache des Unbewussten, die ungehindert Verbindungen zwischen unterschiedlichen Objekten und Ideen bildet, ohne dabei zeitlicher oder räumlicher Ordnung Beachtung zu schenken – im Gegensatz zum sekundärprozesshaften Denken – der Sprache des bewussten ICH, die, unter Berücksichtigung von

Zeit- und Raumkoordinaten, logisch ist. Abstraktion überlistet unsere normalen Wahrnehmungsgewohnheiten von Kunst genauso wie unsere Erwartungen, was wir in einem Kunstwerk sehen könnten. Dies führt dazu, dass die visuellen Künste der Gegenwart nicht länger parallel zu den bottom-up Hirnprozessen visueller Information laufen. Abstrakte Kunst (wie auch der Kubismus) beendet, was der Kritiker Carl Einstein »die Faulheit oder Müdigkeit des Sehens« nannte. »Sehen wird wieder zum aktiven Prozess« (Einstein, 1926; zitiert bei Haxthausen, 2011).

Ernst Kris und Abraham Kaplan (1952), die erkannten, dass der Betrachter nicht länger ein passiver Teilnehmer der Kunst, sondern eine kreative Kraft für sich darstellt, entwickelten als erste die Idee, dass unbewusste mentale Prozesse wichtige Beiträge zur Kreativität leisten. Kreativität löst die Barriere zwischen unserem bewussten und unbewussten Selbst und ermöglicht beiden in einer relativ freien, noch kontrollierten Weise miteinander zu kommunizieren. Er nannte diesen kontrollierten Zugang zum unbewussten Denken »Regression im Dienste des Ich«. Indem der Betrachter durch die Betrachtung eines Kunstwerkes eine kreative Erfahrung macht, erfährt er, ähnlich dem Künstler, diese kontrollierte Kommunikation mit dem Unbewussten.

Rückkehr zu den zwei Kulturen

Die Vereinigung verschiedener wissenschaftlicher Disziplinen hat es schon immer gegeben. Sie stellt den Vorläufer für weitere wissenschaftliche Disziplinen dar, die im Dialog miteinander etwas Neues schaffen können. Nur so kann Wissenschaft voranschreiten. Wie steht es um die neuen Beziehungen zwischen Kunst und Neurowissenschaften? Kunst und Geschichte sind die Ursprungsdisziplinen und die Neurowissenschaft ihre Gegendisziplin. Dialoge führen am wahrscheinlichsten zum Erfolg, wenn sich die Studienfelder natürlicherweise decken, so, wie es sich bei der neuen Wissenschaft des Geistes und der Wahrnehmung von Kunst verhält. Weiterhin erfolgversprechend scheint, wenn die Ziele dieses Dialogs begrenzt sind und von allen beteiligten Bereichen profitieren. Solche Dialoge könnten heutzutage in den modernen Pendants der berühmten europäischen Salons stattfinden – also in den interdisziplinären Zentren der Universitäten. Zwar ist es eher unwahrscheinlich, dass es in nächster Zukunft zu einer Vereinigung der neuen Wissenschaft des Geistes und der Kunst kommen wird, aber es entsteht so ein neuer Dialog zwischen Menschen, die an Aspekten von Kunst, einschließlich abstrakter Kunst, interessiert sind und denen, die an der Erforschung von Wahrnehmung und Emotion interessiert sind.

Die möglichen Vorteile dieses Dialogs für die neue Wissenschaft des Geistes sind klar: Eine Bestrebung dieser neuen Wissenschaft ist es, die Biologie des Gehirns mit den Geisteswissenschaften zu verknüpfen. Eines ihrer Ziele ist es, zu verstehen, wie das Gehirn auf Kunstwerke reagiert, wie wir unbewusste und bewusste Wahrnehmung, Emotionen und Empathie verarbeiten.

Tatsächlich haben einige Künstler, die von irrationalen Prozessen des Geistes fasziniert waren – u. a. Pollock, de Kooning ebenso wie Magritte und andere Surrealisten –, bereits versucht sich introspektiv zu erschließen, was in ihrem Geiste vor sich geht. Auch wenn Introspektion hilfreich und notwendig ist, so ist sie nicht in der Lage, die Arbeitsweise unseres Gehirns im Detail zu verstehen und Informationen über unsere Wahrnehmung der äußeren Welt zu liefern.

Naturwissenschaft und Kunst, einschließlich der abstrakten Kunst, können interagieren und sich gegenseitig bereichern. Beide bringen ihre jeweils spezifische Sichtweise zu essenziellen Fragen der menschlichen Existenz mit und nutzen dafür reduktionistische Mittel. Zudem scheint die neue Wissenschaft des Geistes kurz davor zu stehen, einen Dialog zwischen Hirnforschung und Kunst zu ermöglichen, der für die intellektuelle und kulturelle Geschichte neue Dimensionen zu eröffnen verspricht.

Danksagung des Übersetzers

Ich danke herzlich Frau Dipl.-Psych. Jacqueline Moreau und Herrn Dr. med. Kurt Höhfeld für ihre sehr freundliche Unterstützung bei den Korrekturarbeiten.

Literatur

Adelson, E.H. (1993). Perceptual Organization and the Judgement of Brightness. *Science, 262*, 2042–2043.

Albright, T. (2013). High Level Visual Processing: Cognitive Influences. In E.R. Kandel, J.H. Schwartz, T.M. Jessell, S.A. Siegelbaum & A.J. Hudspeth (Hrsg.), *Principles of Neural Science* (S. 621–653). New York: McGraw-Hill.

Albright, T. (2015). Perceiving. *Daedalus, 144*(1), 22–41.

Anderson, D. (2012). Optogenetics, Sex, and Violence in the Brain: Implications for Psychiatry. *Biological Psychiatry, 71*(12), 1081–1089.

Bailey, C.H. & Chen, M.C. (1983). Morphological Basis of Long-Term Habituation and Sensitization in Aplysia. *Science, 220*, 91–93.

Berenson, B. (2009). *The Florentine Painters of the Renaissance: With an Index to their Works*. Ithaca, N.Y.: Cornell University Library [Orig. 1909].

Breslin, J.E.B. (1993). *Mark Rothko: A Biography*. Chicago: University of Chicago Press.

Einstein, C. (1926). *Die Kunst des 20. Jahrhunderts*. Berlin: Propyläen Verlag.

Frith, C. (2007). *Making up the Mind: How the Brain Creates Our Mental World*. Oxford: Blackwell.

Gilbert, C. (2013a). Intermediate-level Visual Processing and Visual Primitives. In E.R. Kandel, J.H. Schwartz, T.M. Jessell, S.A. Siegelbaum & A.J. Hudspeth (Hrsg.), *Principles of Neural Science* (5. Aufl.) (S. 602–620). New York: Random House.

Gilbert, C. (2013b). Top-down Influences on Visual Processing. *Nature Reviews Neuroscience, 14*, 350–363.

Gombrich, E.H. & Kris, E. (1938). The Principles of Caricature. *British Journal of Medical Psychology, 17*(3–4), 319–342.

Eric R. Kandel

Gombrich, E. H. & Kris, E. (1940). *Caricature*. Harmondsworth: Penguin.

Gombrich, E. H. (1982). *The Image and the eye: further studies in the Psychology of Pictural Representation*. London. Phaidon.

Gray, D. (1984). Willem de Kooning, What Do His Paintings Mean?. (Gedanken basierend auf den Gemälden und Skulpturen des Künstlers in seiner Whitney Museum Ausstellung 15. Dezember 1983–26. Februar 1984). http://jessieevans-dongrayart.com/essays/essay037.html (2016).

Haxthausen, C. V. (2011). Carl Einstein, David-Henry Kahnweiler, Cubism and the Visual Brain. http://nonsite.org/article/carl-einstein-daniel-henry-kahnweiler-cubism-and-the visual-brain (2016).

Hinojosa, L. J. W. (2009). *The Renaissance, English Cultural Nationalism, and Modernism, 1860–1920*. New York: Palgrave Macmillan.

Hiramatsu, C., Goda, N. & Komatsu, H. (2011). Transformation from Image-based to Perceptual Representation of Materials Along the Human Ventral Visual Pathway. *NeuroImage, 57*, 482–494.

Hume, D. (1910). An Enquiry Concerning Human Understanding. *Harvard Classics Volume 37*. Dayton, Ohio: P.F. Collier & Sons. http://18th.eserver.org/hume-enquiry.html (2016).

James, W. (1890). *The Principles of Psychology*. New York: Holt.

Kandel, E. (2001). The Molecular Biology of Memory Storage: A Dialogue between Genes and Synapses. *Science, 294*, 1030–1038.

Kandel, E. (2012). *The Age of Insight: The Quest to Understand the Unconscious in Art, Mind, and Brain from Vienna 1900 to the Present*. New York: Random House.

Karmel, P. (2002). *Jackson Pollock: Interviews, Articles, and Reviews*. Auszug, »My painting«, Possibilities (New York) I (Winter 1947–1948): 78–83. Copyright The Pollock-Krasner Foundation, Inc.

Kris, E. & Kaplan, A. (1952). Aesthetic Ambiguity. In E. Kris (Hrsg.), *Psychoanalytic Explorations in Art* (S. 243–264). New York: International Universities Press [Orig. 1948].

Lacey, S. & Sathian, K. (2012). Representation of Object Form in Vision and Touch. In M. M. Murray & M. T. Wallace (Hrsg.), The Neural Basis of Multisensory Processes (10. Kapitel). Boca Raton, Fla.: CRC Press.

Meulders, M. (2012). Helmholtz: *From Enlightenment to Neuroscience*. Cambridge, Mass.: MIT Press.

Riegl, A. (2000). *The Group Portrait of Holland*. Los Angeles: Getty Center for the History of Art and Humanities [Orig. 1902].

Sathian, K., Lacey, S., Stilla, R., Gibson, G. O., Deshpande, G., Hu, X., Laconte, S. & Glielmi, C. (2011). Dual Pathways for Haptic and Visual Perception of Spatial and Texture Information. *Neuroimage, 57*, 462–475.

Stevens, M. & Swan, A. (2005). *De Kooning: An American Master*. New York. Random House.

Tversky, A. & Kahnemann, D. (1992). Advances in Prospect Theory: Cumulative Representation of Uncertainty. *Journal of Risk an Uncertainty, 5*, 297-323.

Der Autor

Eric R. Kandel, Prof. Dr., ist Professor in den Abteilungen Neurowissenschaften, Biochemie und Molekulare Biophysik wie auch Psychiatrie an der Columbia University, New York. Er ist Direktor des Kavli Institute for Brain Science und Co-Direktor des Mortimer B. Zuckerman Mind Brain Behavior Institutes der Columbia University. Im Jahr 2000 erhielt er den Nobelpreis für Medizin.

Nachwort

Bernhard Janta

Sigmund Freud schrieb 1898 in einem Brief an Wilhelm Fließ, er sei »gar nicht geneigt, das Psychologische ohne organische Grundlage schwebend zu halten«. 1916 in den Vorlesungen zur Einführung in die Psychoanalyse wies er – wie so oft – auf sein grundsätzliches Bestreben einer Verbindung zwischen Psychoanalyse und organischer Grundlage hin: »Das Lehrgebäude der Psychoanalyse, das wir geschaffen haben, ist in Wirklichkeit ein Überbau, der irgendeinmal auf sein organisches Fundament aufgesetzt werden soll.«

Dennoch sah sich Sigmund Freud gezwungen, seine Forschungsaktivitäten allein auf die Entwicklung einer psychischen Konzeption des Seelischen zu konzentrieren. Diese Entscheidung fällte er nicht, weil es so viele Befunde gab, welche diese Schwerpunktsetzung begründen könnten, sondern weil er so wenig biologisch gestützte Befunde hatte, bedingt durch den Entwicklungsstand und der damit gegebenen Möglichkeiten zur Untersuchung des Körpers und des Gehirns.

Für Sigmund Freud war es somit selbstverständlich, Körper und Seele bzw. somatische und psychische Aspekte der Conditio humana als eine Einheit zu betrachten. Die Frage, ob es denn der Neurowissenschaften bedürfe, um psychische Aspekte zu erforschen, hatte er sich so nicht gestellt.

In den zurückliegenden Jahrzehnten entwickelte sich in Arbeitsgruppen, in Fachverbänden und Institutionen ein Dialog zwischen Neurowissenschaftlern und Psychoanalytikern, wobei es meines Erachtens noch unklar ist, wohin dieser Dialog führen wird. Den beteiligten Psychoanalytikern jedoch geht es zunächst darum, als Teil der Lebenswissenschaften mit den Nachbardisziplinen in einen Austausch zu treten, sich Vertretern der Nachbardisziplinen gegenüber verständlich mitzuteilen und sich in wesentlichen Kernannahmen über das Psychische nicht im unvereinbaren Gegensatz zu den Nachbardisziplinen wiederzufinden, sondern auch biologische Begründungen für die psychoanalytischen Kernkonzepte zu suchen und diesen gegenüber aufgeschlossen zu sein.

Das wesentliche Kernkonzept der Psychoanalyse, welches auch für die Krankheitstheorie und die Behandlungstechnik handlungsleitend geworden ist, ist das Konzept des Unbewussten. Erzeugte diese Annahme der Psychoanalyse vor einem halben Jahrhundert noch Skepsis bis Ablehnung, so ist es heute vor allem auch durch die Kenntnisse der Neurowissenschaften zu einem allgemeinen Gedankengut und prägend für das Menschenbild geworden, dass nämlich bewusste seelische Vorgänge die Ausnahme und nicht die Regel darstellen.

Gleichzeitig ergibt sich daraus die Frage, ob die psychoanalytische Konzeption des Unbewussten dasselbe meint wie die neurobiologischen Befunde unbewusster seelischer Vorgänge, welche Überschneidungen es gegebenenfalls gibt und welche Übereinstimmungen. Oder anders formuliert: In welchen Teilen der psychoanalytischen Konzeption des Unbewussten wird diese durch neurobiologische Befunde und Erkenntnisse gestützt?

Daraus ergeben sich eine Reihe von Detailfragen. Sind unbewusste seelische Vorgänge direkt zu erschließen oder immer nur indirekt zu vermuten? Welche Konsequenzen hat dies für die Behandlungstechnik? Lassen sich unbewusst gewordene historische Gegebenheiten erinnern?

Das Ziel unseres Symposiums war es, Interesse für diese Fragestellungen zu wecken und den Dialog darüber aufrechtzuerhalten, ob die Beantwortung dieser und ähnlicher Fragestellungen für

notwendig erachtet wird, um die Psychoanalyse und deren Kernkonzepte unter Berücksichtigung der zeitgemäßen Entwicklung
der Befunde aus den Lebenswissenschaften und der Neurobiologie als ebenso zeitgemäße Wissenschaft über das Seelenleben zu
begründen.

Garmisch-Partenkirchen, im Oktober 2018

Bernhard Haslinger (Hg.)

Raum und Psyche

Ein transdisziplinärer Dialog zu Freiräumen in der Psychiatrie

2016 · 173 Seiten · Broschur
ISBN 978-3-8379-2559-3

Räume wirken sich unmittelbar auf unsere seelische Verfassung aus. Sie laden zu Entdeckung und Erholung ein, können aber auch Beklemmung oder Aggression provozieren. So hat die architektonische und künstlerische Gestaltung der Umgebung auf den psychotherapeutischen Kontext ebenso entscheidenden Einfluss wie die inneren, die Beziehungs- und Spielräume. Welche Räume bietet die Gesellschaft – insbesondere mit Blick auf psychiatrische Einrichtungen – für die Menschen, seelisch gesund zu werden oder zu bleiben?

Mit diesem Band soll eine interdisziplinäre Annäherung an diese Frage unternommen werden. Namhafte ExpertInnen aus Philosophie, Psychiatrie, Medizingeschichte, Gesundheitsökonomie und -management, Politik und Architektur sowie VertreterInnen von Verbänden Psychiatrie-Erfahrener und Angehöriger formulieren ihre Perspektiven und treten in einen Dialog. In ausdrucksstarken Bildern wird zudem die Performance RAUMAUSLOTEN des Choreografen Jiři Bartovanec, dargestellt von TänzerInnen der Tanzcompagnie Sasha Waltz & Guests, dokumentiert. Sie erkundet die konkreten Räume der Klinikarchitektur der Charité und stellt ihnen innere Seelenräume gegenüber.

Mit Beiträgen von Thomas Beddies, Thomas Bock, Hans-Joachim Salize, Christine Nickl-Weller und Peter Sloterdijk

Walltorstr. 10 · 35390 Gießen · Tel. 0641-969978-18 · Fax 0641-969978-19
bestellung@psychosozial-verlag.de · www.psychosozial-verlag.de

Günter Gödde, Michael B. Buchholz

Unbewusstes

2011 · 138 Seiten · Broschur
ISBN 978-3-8379-2068-0

Ursprünglich als philosophische Problemstellung aufgekommen, erhob Freud das »Unbewusste« zum Zentralbegriff der Psychoanalyse.
Die Autoren zeichnen die Entwicklung des Begriffs in seiner ganzen Vielfalt nach und unterscheiden dabei zwischen einem vertikalen und horizontalen Modell des

Unbewussten. Während das vertikale Unbewusste gleich einer Verdrängungsmaschine arbeitet, entspricht das horizontale einem Resonanzraum. Nach der Leitvorstellung psychoanalytischer und tiefenpsychologischer Therapien bedarf es einer Bearbeitung der vertikalen Ebene in Form der Bewusstmachung des Unbewussten mit der Zielsetzung, dass das Ich wieder »Herr im eigenen Haus« wird. Demgegenüber trägt das horizontale Modell den vielfachen Resonanzen in der Behandlungssituation Rechnung, die entsprechend Freuds Diktum »Unbewusstes versteht Unbewusstes« für die therapeutische Beziehungsgestaltung von größter Bedeutung sind. Um das Konzept in all seiner Komplexität zu begreifen, kann man sich nicht für eines dieser Modelle entscheiden; vielmehr, so die Autoren, müssen beide in ihrem Zusammenspiel berücksichtigt werden. Dies birgt ein neues Verständnis des Verhältnisses von psychoanalytischer Theorie und Praxis.

Walltorstr. 10 · 35390 Gießen · Tel. 06 41-96 99 78-18 · Fax 06 41-96 99 78-19
bestellung@psychosozial-verlag.de · www.psychosozial-verlag.de